全国职工『八五』普法简明读本

劳动争议调解仲裁法

学习强会 编

中国工人出版社

编者的话

《中央宣传部、司法部关于开展法治宣传教育的第八个五年规划（2021—2025年）》指出，我国开启全面建设社会主义现代化国家新征程，进入新发展阶段，迫切要求进一步提升公民法治素养，推动全社会尊法学法守法用法。2021年9月，中华全国总工会办公厅印发的《关于在工会工作者和职工中开展法治宣传教育的第八个五年规划（2021—2025年）》，要求各级工会组织以习近平法治思想引领工会普法工作，推动普法工作守正创新、提质增效、全面发展。因此，做好普法宣传工作，完善宣传的内容、途径和手段，对于普法工作的开展具有十分重要的意义。

为了进一步推动国家“八五”普法工作，结合全国工会系统开展“八五”普法，适应新就业形态发展和促进劳动关系和谐稳定需要，针对与职工切身利益密切相关的法律法规，我们策划出版了“全国职工‘八五’普法简明读本”丛书（共12册）。本丛书以工会开展普法工作为切入点，聚焦职工群众最关心最直接最现实的利益问题，重点解读了与职工劳动权益相关的劳动法律知识。在内容构成上，以法律文本为主线，设置了“职工权益导读”版块，通俗地解答了与职工权益相关的问题，并附录了相关法律文书，方便职工参考使用。

希望这套丛书的出版，能够帮助广大职工了解、掌握一些必备的法律常识，增强法治观念，提高法律素养，同时对工会组织职工、引导职工、服务职工、维护职工合法权益等起到积极的作用。

目　录

Contents

中华人民共和国劳动争议调解仲裁法

（2007年12月29日第十届全国人民代表大会常务委员会第三十一次会议通过）

目　　录

第一章　总　　则

第一条　为了公正及时解决劳动争议，保护当事人合法权益，促进劳动关系和谐稳定，制定本法。

第二条　中华人民共和国境内的用人单位与劳动者发生的下列

劳动争议，适用本法：

（一）因确认劳动关系发生的争议；

（二）因订立、履行、变更、解除和终止劳动合同发生的争议；

（三）因除名、辞退和辞职、离职发生的争议；

（四）因工作时间、休息休假、社会保险、福利、培训以及劳动保护发生的争议；

（五）因劳动报酬、工伤医疗费、经济补偿或者赔偿金等发生的争议；

（六）法律、法规规定的其他劳动争议。

第三条　解决劳动争议，应当根据事实，遵循合法、公正、及时、着重调解的原则，依法保护当事人的合法权益。

第四条　发生劳动争议，劳动者可以与用人单位协商，也可以请工会或者第三方共同与用人单位协商，达成和解协议。

第五条　发生劳动争议，当事人不愿协商、协商不成或者达成和解协议后不履行的，可以向调解组织申请调解；不愿调解、调解不成或者达成调解协议后不履行的，可以向劳动争议仲裁委员会申请仲裁；对仲裁裁决不服的，除本法另有规定的外，可以向人民法院提起诉讼。

第六条　发生劳动争议，当事人对自己提出的主张，有责任提供证据。与争议事项有关的证据属于用人单位掌握管理的，用人单位应当提供；用人单位不提供的，应当承担不利后果。

第七条　发生劳动争议的劳动者一方在十人以上，并有共同请求的，可以推举代表参加调解、仲裁或者诉讼活动。

第八条　县级以上人民政府劳动行政部门会同工会和企业方面代表建立协调劳动关系三方机制，共同研究解决劳动争议的重大问题。

第九条　用人单位违反国家规定，拖欠或者未足额支付劳动报酬，或者拖欠工伤医疗费、经济补偿或者赔偿金的，劳动者可以向劳动行政部门投诉，劳动行政部门应当依法处理。

第二章　调　　解

第十条　发生劳动争议，当事人可以到下列调解组织申请调解：

（一）企业劳动争议调解委员会；

（二）依法设立的基层人民调解组织；

（三）在乡镇、街道设立的具有劳动争议调解职能的组织。

企业劳动争议调解委员会由职工代表和企业代表组成。职工代表由工会成员担任或者由全体职工推举产生，企业代表由企业负责人指定。企业劳动争议调解委员会主任由工会成员或者双方推举的人员担任。

第十一条　劳动争议调解组织的调解员应当由公道正派、联系群众、热心调解工作，并具有一定法律知识、政策水平和文化水平的成年公民担任。

第十二条　当事人申请劳动争议调解可以书面申请，也可以口头申请。口头申请的，调解组织应当当场记录申请人基本情况、申请调解的争议事项、理由和时间。

第十三条 调解劳动争议，应当充分听取双方当事人对事实和理由的陈述，耐心疏导，帮助其达成协议。

第十四条 经调解达成协议的，应当制作调解协议书。

调解协议书由双方当事人签名或者盖章，经调解员签名并加盖调解组织印章后生效，对双方当事人具有约束力，当事人应当履行。

自劳动争议调解组织收到调解申请之日起十五日内未达成调解协议的，当事人可以依法申请仲裁。

第十五条 达成调解协议后，一方当事人在协议约定期限内不履行调解协议的，另一方当事人可以依法申请仲裁。

第十六条 因支付拖欠劳动报酬、工伤医疗费、经济补偿或者赔偿金事项达成调解协议，用人单位在协议约定期限内不履行的，劳动者可以持调解协议书依法向人民法院申请支付令。人民法院应当依法发出支付令。

第三章 仲　　裁

第一节 一般规定

第十七条 劳动争议仲裁委员会按照统筹规划、合理布局和适应实际需要的原则设立。省、自治区人民政府可以决定在市、县设立；直辖市人民政府可以决定在区、县设立。直辖市、设区的市也可以设立一个或者若干个劳动争议仲裁委员会。劳动争议仲裁委员会不按行政区划层层设立。

第十八条 国务院劳动行政部门依照本法有关规定制定仲裁规

则。省、自治区、直辖市人民政府劳动行政部门对本行政区域的劳动争议仲裁工作进行指导。

第十九条 劳动争议仲裁委员会由劳动行政部门代表、工会代表和企业方面代表组成。劳动争议仲裁委员会组成人员应当是单数。

劳动争议仲裁委员会依法履行下列职责：

（一）聘任、解聘专职或者兼职仲裁员；

（二）受理劳动争议案件；

（三）讨论重大或者疑难的劳动争议案件；

（四）对仲裁活动进行监督。

劳动争议仲裁委员会下设办事机构，负责办理劳动争议仲裁委员会的日常工作。

第二十条 劳动争议仲裁委员会应当设仲裁员名册。

仲裁员应当公道正派并符合下列条件之一：

（一）曾任审判员的；

（二）从事法律研究、教学工作并具有中级以上职称的；

（三）具有法律知识、从事人力资源管理或者工会等专业工作满五年的；

（四）律师执业满三年的。

第二十一条 劳动争议仲裁委员会负责管辖本区域内发生的劳动争议。

劳动争议由劳动合同履行地或者用人单位所在地的劳动争议仲裁委员会管辖。双方当事人分别向劳动合同履行地和用人单位所在地的劳动争议仲裁委员会申请仲裁的，由劳动合同履行地的劳动争议仲裁委员会管辖。

第二十二条 发生劳动争议的劳动者和用人单位为劳动争议仲裁案件的双方当事人。

劳务派遣单位或者用工单位与劳动者发生劳动争议的，劳务派遣单位和用工单位为共同当事人。

第二十三条 与劳动争议案件的处理结果有利害关系的第三人，可以申请参加仲裁活动或者由劳动争议仲裁委员会通知其参加仲裁活动。

第二十四条 当事人可以委托代理人参加仲裁活动。委托他人参加仲裁活动，应当向劳动争议仲裁委员会提交有委托人签名或者盖章的委托书，委托书应当载明委托事项和权限。

第二十五条 丧失或者部分丧失民事行为能力的劳动者，由其法定代理人代为参加仲裁活动；无法定代理人的，由劳动争议仲裁委员会为其指定代理人。劳动者死亡的，由其近亲属或者代理人参加仲裁活动。

第二十六条 劳动争议仲裁公开进行，但当事人协议不公开进行或者涉及国家秘密、商业秘密和个人隐私的除外。

第二节 申请和受理

第二十七条 劳动争议申请仲裁的时效期间为一年。仲裁时效期间从当事人知道或者应当知道其权利被侵害之日起计算。

前款规定的仲裁时效，因当事人一方向对方当事人主张权利，或者向有关部门请求权利救济，或者对方当事人同意履行义务而中断。从中断时起，仲裁时效期间重新计算。

因不可抗力或者有其他正当理由，当事人不能在本条第一款规定的仲裁时效期间申请仲裁的，仲裁时效中止。从中止时效的原因消除之日起，仲裁时效期间继续计算。

劳动关系存续期间因拖欠劳动报酬发生争议的，劳动者申请仲裁不受本条第一款规定的仲裁时效期间的限制；但是，劳动关系终止的，应当自劳动关系终止之日起一年内提出。

第二十八条　申请人申请仲裁应当提交书面仲裁申请，并按照被申请人人数提交副本。

仲裁申请书应当载明下列事项：

（一）劳动者的姓名、性别、年龄、职业、工作单位和住所，用人单位的名称、住所和法定代表人或者主要负责人的姓名、职务；

（二）仲裁请求和所根据的事实、理由；

（三）证据和证据来源、证人姓名和住所。

书写仲裁申请确有困难的，可以口头申请，由劳动争议仲裁委员会记入笔录，并告知对方当事人。

第二十九条　劳动争议仲裁委员会收到仲裁申请之日起五日内，认为符合受理条件的，应当受理，并通知申请人；认为不符合受理条件的，应当书面通知申请人不予受理，并说明理由。对劳动争议仲裁委员会不予受理或者逾期未作出决定的，申请人可以就该劳动争议事项向人民法院提起诉讼。

第三十条　劳动争议仲裁委员会受理仲裁申请后，应当在五日内将仲裁申请书副本送达被申请人。

被申请人收到仲裁申请书副本后，应当在十日内向劳动争议仲裁委员会提交答辩书。劳动争议仲裁委员会收到答辩书后，应当在五日内将答辩书副本送达申请人。被申请人未提交答辩书的，不影响仲裁程序的进行。

第三节　开庭和裁决

第三十一条　劳动争议仲裁委员会裁决劳动争议案件实行仲裁庭制。仲裁庭由三名仲裁员组成，设首席仲裁员。简单劳动争议案件可以由一名仲裁员独任仲裁。

第三十二条　劳动争议仲裁委员会应当在受理仲裁申请之日起五日内将仲裁庭的组成情况书面通知当事人。

第三十三条　仲裁员有下列情形之一，应当回避，当事人也有权以口头或者书面方式提出回避申请：

（一）是本案当事人或者当事人、代理人的近亲属的；

（二）与本案有利害关系的；

（三）与本案当事人、代理人有其他关系，可能影响公正裁决的；

（四）私自会见当事人、代理人，或者接受当事人、代理人的请客送礼的。

劳动争议仲裁委员会对回避申请应当及时作出决定，并以口头或者书面方式通知当事人。

第三十四条　仲裁员有本法第三十三条第四项规定情形，或者有索贿受贿、徇私舞弊、枉法裁决行为的，应当依法承担法律责任。劳动争议仲裁委员会应当将其解聘。

第三十五条 仲裁庭应当在开庭五日前，将开庭日期、地点书面通知双方当事人。当事人有正当理由的，可以在开庭三日前请求延期开庭。是否延期，由劳动争议仲裁委员会决定。

第三十六条 申请人收到书面通知，无正当理由拒不到庭或者未经仲裁庭同意中途退庭的，可以视为撤回仲裁申请。

被申请人收到书面通知，无正当理由拒不到庭或者未经仲裁庭同意中途退庭的，可以缺席裁决。

第三十七条 仲裁庭对专门性问题认为需要鉴定的，可以交由当事人约定的鉴定机构鉴定；当事人没有约定或者无法达成约定的，由仲裁庭指定的鉴定机构鉴定。

根据当事人的请求或者仲裁庭的要求，鉴定机构应当派鉴定人参加开庭。当事人经仲裁庭许可，可以向鉴定人提问。

第三十八条 当事人在仲裁过程中有权进行质证和辩论。质证和辩论终结时，首席仲裁员或者独任仲裁员应当征询当事人的最后意见。

第三十九条 当事人提供的证据经查证属实的，仲裁庭应当将其作为认定事实的根据。

劳动者无法提供由用人单位掌握管理的与仲裁请求有关的证据，仲裁庭可以要求用人单位在指定期限内提供。用人单位在指定期限内不提供的，应当承担不利后果。

第四十条 仲裁庭应当将开庭情况记入笔录。当事人和其他仲裁参加人认为对自己陈述的记录有遗漏或者差错的，有权申请补正。如果不予补正，应当记录该申请。

笔录由仲裁员、记录人员、当事人和其他仲裁参加人签名或者盖章。

第四十一条 当事人申请劳动争议仲裁后，可以自行和解。达成和解协议的，可以撤回仲裁申请。

第四十二条 仲裁庭在作出裁决前，应当先行调解。

调解达成协议的，仲裁庭应当制作调解书。

调解书应当写明仲裁请求和当事人协议的结果。调解书由仲裁员签名，加盖劳动争议仲裁委员会印章，送达双方当事人。调解书经双方当事人签收后，发生法律效力。

调解不成或者调解书送达前，一方当事人反悔的，仲裁庭应当及时作出裁决。

第四十三条 仲裁庭裁决劳动争议案件，应当自劳动争议仲裁委员会受理仲裁申请之日起四十五日内结束。案情复杂需要延期的，经劳动争议仲裁委员会主任批准，可以延期并书面通知当事人，但是延长期限不得超过十五日。逾期未作出仲裁裁决的，当事人可以就该劳动争议事项向人民法院提起诉讼。

仲裁庭裁决劳动争议案件时，其中一部分事实已经清楚，可以就该部分先行裁决。

第四十四条 仲裁庭对追索劳动报酬、工伤医疗费、经济补偿或者赔偿金的案件，根据当事人的申请，可以裁决先予执行，移送人民法院执行。

仲裁庭裁决先予执行的，应当符合下列条件：

（一）当事人之间权利义务关系明确；

（二）不先予执行将严重影响申请人的生活。

劳动者申请先予执行的，可以不提供担保。

第四十五条 裁决应当按照多数仲裁员的意见作出，少数仲裁员的不同意见应当记入笔录。仲裁庭不能形成多数意见时，裁决应当按照首席仲裁员的意见作出。

第四十六条 裁决书应当载明仲裁请求、争议事实、裁决理由、裁决结果和裁决日期。裁决书由仲裁员签名，加盖劳动争议仲裁委员会印章。对裁决持不同意见的仲裁员，可以签名，也可以不签名。

第四十七条 下列劳动争议，除本法另有规定的外，仲裁裁决为终局裁决，裁决书自作出之日起发生法律效力：

（一）追索劳动报酬、工伤医疗费、经济补偿或者赔偿金，不超过当地月最低工资标准十二个月金额的争议；

（二）因执行国家的劳动标准在工作时间、休息休假、社会保险等方面发生的争议。

第四十八条 劳动者对本法第四十七条规定的仲裁裁决不服的，可以自收到仲裁裁决书之日起十五日内向人民法院提起诉讼。

第四十九条 用人单位有证据证明本法第四十七条规定的仲裁裁决有下列情形之一，可以自收到仲裁裁决书之日起三十日内向劳动争议仲裁委员会所在地的中级人民法院申请撤销裁决：

（一）适用法律、法规确有错误的；

（二）劳动争议仲裁委员会无管辖权的；

（三）违反法定程序的；

（四）裁决所根据的证据是伪造的；

（五）对方当事人隐瞒了足以影响公正裁决的证据的；

（六）仲裁员在仲裁该案时有索贿受贿、徇私舞弊、枉法裁决行为的。

人民法院经组成合议庭审查核实裁决有前款规定情形之一的，应当裁定撤销。

仲裁裁决被人民法院裁定撤销的，当事人可以自收到裁定书之日起十五日内就该劳动争议事项向人民法院提起诉讼。

第五十条 当事人对本法第四十七条规定以外的其他劳动争议案件的仲裁裁决不服的，可以自收到仲裁裁决书之日起十五日内向人民法院提起诉讼；期满不起诉的，裁决书发生法律效力。

第五十一条 当事人对发生法律效力的调解书、裁决书，应当依照规定的期限履行。一方当事人逾期不履行的，另一方当事人可以依照民事诉讼法的有关规定向人民法院申请执行。受理申请的人民法院应当依法执行。

第四章 附　则

第五十二条 事业单位实行聘用制的工作人员与本单位发生劳动争议的，依照本法执行；法律、行政法规或者国务院另有规定的，依照其规定。

第五十三条 劳动争议仲裁不收费。劳动争议仲裁委员会的经费由财政予以保障。

第五十四条 本法自 2008 年 5 月 1 日起施行。

职工权益导读

1 什么是劳动争议？

劳动争议又叫劳动纠纷、劳资争议或劳资纠纷。根据《劳动法》和《劳动争议调解仲裁法》的规定，劳动争议是指建立劳动关系的用人单位和劳动者之间，因劳动权利和义务问题产生分歧而引起的争议。

劳动争议具有如下特征：

（1）劳动争议主体一方为用人单位，另一方是劳动者；

（2）劳动争议主体之间存在劳动关系，即劳动者与用人单位有隶属性劳动关系，劳动争议是在这种劳动关系存续期间发生的；

（3）劳动争议的内容与劳动权利义务有关，包括劳动就业、劳动合同、劳动报酬、工作时间和休息时间、劳动安全与卫生、社会保险与福利、职业培训等而引起的争议。

从劳动争议的特征可以看出，用人单位之间、劳动者之间、用人单位和没有与之建立劳动关系的劳动者之间、用人单位与劳动者之间不是因劳动权利义务产生的争议，都不属于劳动争议。

根据《劳动争议调解仲裁法》规定，劳动争议处理机构（劳动争议调解组织、劳动争议仲裁委员会和人民法院）可以受理下列劳动争议：

（1）因确认劳动关系发生的争议；

（2）因订立、履行、变更、解除和终止劳动合同发生的争议；

（3）因除名、辞退和辞职、离职发生的争议；

（4）因工作时间、休息休假、社会保险、福利、培训以及劳动保护发生的争议；

（5）因劳动报酬、工伤医疗费、经济补偿或者赔偿金等发生的争议；

（6）法律、法规规定的其他劳动争议。

2 劳动争议主要有哪些分类?

劳动争议根据其主体、客体和内容的不同，可以有不同的分类。

（1）根据主体的不同，劳动争议分为个人劳动争议与集体劳动争议。个人劳动争议是指劳动者个人与用人单位发生的劳动争议。集体劳动争议则分两种：一种是劳动者一方在十人以上并有共同请求的争议，这种集体争议的劳动者一方可以推举代表参加劳动争议调解、仲裁活动或诉讼活动。根据《劳动人事争议仲裁办案规则》规定，该种集体劳动争议应当由仲裁员组成仲裁庭。另一种是团体争议，即指以工会组织为一方，代表劳动者与用人单位因签订和履行集体合同产生的经协商解决不成的争议。

（2）根据客体的不同，劳动争议可分为权利之争和利益之争。因执行劳动法律法规与劳动合同、集体合同的规定而发生的劳动争议，称为权利之争。因确定或变更劳动者的权利与义务而发生的劳动争议，称为利益之争。

（3）根据内容的不同，劳动争议可分为因执行国家有关工资、社会保险、福利、职业培训、劳动保护的规定发生的争议；因履行、变更或解除劳动合同发生的争议等。根据内容的难易程度，分为简单劳动争议和复杂劳动争议。对简单劳动争议，在处理程序上可以简化。

3 我国劳动争议处理有哪些原则?

劳动争议处理基本原则是指在处理劳动争议过程中应遵循的指导思想和行为准则。

根据《劳动争议调解仲裁法》第三条的规定，我国劳动争议处理的基本原则为：

（1）合法原则。合法原则是指劳动争议处理机构或组织在处理劳动争议过程中必须坚持以事实为根据，以法律为准绳，依法处理劳动争议案件。

合法原则要求劳动争议处理机构或组织要查清案件事实，并在此基础上正确适用法律，只有以事实为根据，以法律为准绳，才能明辨是非，分清责任，正确解决劳动争议。此外，合法原则还要求对用人单位及劳动者在适用法律上要一律平等，不能因人而异，对任何一方都不偏袒、不歧视，对被侵权的任何一方都依法给予同样的保护。

（2）公正原则。公正原则是指劳动争议处理机构或组织在处理劳动争议时，要坚持秉公执法，不徇私情，保证争议用人单位和劳动者处于平等的法律地位，具有平等的权利和义务。

劳动争议处理机构或组织要坚持公正原则，保证争议双方都平等地享有法律赋予的权利，承担法律规定的义务，任何一方都没有超越法律的特权。同时，为确保劳动争议处理机构或组织公正执法，《劳动争议调解仲裁法》规定了回避制度。

（3）及时处理原则。及时处理原则是指对劳动争议必须及时处理，及时保护权利受侵害一方的合法权益，以协调劳动关系，维护社会和生产的正常秩序。《劳动争议调解仲裁法》的规定体现了这一原则。首先，劳动争议发生后，当事人应当及时协商或申请调解，自劳动争议调解组织收到调解申请之日起十五日内未达成调解协议的，当事人可以依法申请仲裁。劳动争议申请仲裁的时效期间为一年。当事人要及时申请，避免超过仲裁申请时效。其次，劳动争议处理机构在受理案件后，应当在法定结案期限内，尽快处理完毕。仲裁庭裁决劳动争议案件，应当自劳动争议仲裁委员会收到仲裁申请之日起四十五日内结束。再次，对追索劳动报酬、工伤医疗费、经济补偿或者赔偿金，不超过当地月最低工资标准十二个月金额的争议以及因执行国家的劳动标准在工作时间、休息休假、社会保险等方面发生的争议，实行有条件的“一裁终局”，使劳动争议中的小额标的案件、明确劳动标准的案件能够及时、迅速地解决。最后，对当事人不履行协议或决定的，要及时采取申请强制执行等措施，以保证案件的处理结果的最终落实。《劳动争议调解仲裁法》规定，因支付拖欠劳动报酬、工伤医疗费、经济补偿或者赔偿金事项达成调解协议，用人单位在协议约定期限内不履行的，劳动者可以持调解协议书依法向人民法院申请支付令。人民法院应当依法发出支付令。

（4）着重调解原则。《劳动争议调解仲裁法》加强了劳动争议调解，力求在调解程序中解决劳动争议，着重调解原则，首先是有利于增加企业与劳动者之间的相互理解，使其在今后的工作中能够相互支持和配合；其次是可以简化程序，有利于及时、彻底地处理劳动争议。着重调解劳动争议原则，调解贯穿于劳动争议处理的全过程，坚持调解优先的原则，尽力采用调解方式化解矛盾。

《劳动争议调解仲裁法》的以下规定体现了着重调解的原则：一是专章规定了劳动争议调解程序。劳动者和用人单位发生劳动争议后，可以到企业劳动争议调解委员会、依法设立的基层人民调解组织和在乡镇、街道设立的具有劳动争议调解职能的组织等调解组织申请调解。经调解达成的协议，具有法律约束力。二是把调解作为仲裁庭作出裁决前的必经程序。调解书经双方当事人签收后，发生法律效力。

4 劳动争议的解决方式有哪些?

在我国，劳动争议的解决方式有四种：协商、调解、仲裁、诉讼。

（1）协商。协商是指劳动者和用人单位因实现劳动权利、履行劳动义务而发生争议后，双方当事人就解决争议、化解矛盾、协调劳动关系共同进行商谈，以便达成和解协议的行为。经协商所达成的和解协议是当事人的共同意志，双方应当认真履行。协商不是处理劳动争议的法定必经程序，当事人可以选择协商，也可以选择调解或者仲裁等方式。协商主要适用于简单的劳动争议，而集体合同争议的处理，协商则是法定必经程序。

(2) 调解。调解是指在劳动争议处理机构或组织的主持下，依照法律、法规和政策规定，在查明事实、明辨是非、分清责任的基础上，通过说服引导，劝说争议双方当事人互谅互让，达成协议，从而解决争议的活动。发生劳动争议，劳动者可以到企业劳动争议调解委员会、依法设立的基层人民调解组织和在乡镇、街道设立的具有劳动争议调解职能的组织申请调解。调解协议书由双方当事人签名或者盖章，经调解员签名并加盖调解组织印章后生效，对双方当事人具有约束力，当事人应当履行。

(3) 仲裁。仲裁是指法律授权的专门机构，即依法设立的劳动争议仲裁委员会，根据当事人的申请，遵循法律规定的原则和程序，对用人单位和劳动者发生的劳动争议进行调解和裁决的一项劳动法律制度。发生劳动争议的劳动者可以提出仲裁申请，仲裁委员会在受理案件后，经过开庭审理，在确定事实后，应先进行调解，如调解不成或双方不愿进行调解，可以作出仲裁裁决，该裁决具有强制性。如当事人在法定期限内向法院起诉，则裁决生效，当事人必须履行，如一方不履行仲裁裁决，另一方可以请求强制执行。

（4）诉讼。诉讼是指当事人不服仲裁裁决，或者对劳动争议仲裁委员会不予受理或逾期未作出决定的劳动争议，在法定期限内依法向人民法院起诉，人民法院依法进行审理和判决的活动。目前，我国劳动争议诉讼案件由人民法院依照《民事诉讼法》规定的程序进行审理，实行两审终审制。

5 劳动者如何提起劳动争议处理?

劳动争议处理，是指国家法律授权的机构或组织对劳动关系双方当事人之间发生的劳动争议，依法进行调解、仲裁和审判的行为。

根据《劳动争议调解仲裁法》的规定，劳动者可以通过以下几种方式提起劳动争议处理：

（1）向劳动争议调解组织（企业调解委员会、依法设立的基层人民调解组织和在乡镇、街道设立的具有劳动争议调解职能的组织）申请调解；

（2）向劳动合同履行地或者用人单位所在地劳动争议仲裁委员会申请仲裁；

（3）向人民法院提起诉讼。

以上几种形式的先后顺序为：发生劳动争议，劳动者可以向调解组织申请调解；不愿调解、调解不成或者达成调解协议后不履行的，可以向劳动争议仲裁委员会申请仲裁；对仲裁裁决不服的，除部分劳动争议案件实行有条件的“一裁终局”外，可以向人民法院提起诉讼。诉讼实行两审终审制。即整个劳动争议处理程序为“一调一裁两审”制。

实行有条件的“一裁终局”的部分劳动争议案件包括：因追索劳动报酬、工伤医疗费、经济补偿或者赔偿金，不超过当地月最低工资标准十二个月金额的争议；因执行国家的劳动标准在工作时间、休息休假、社会保险等方面发生的争议。对这些劳动争议，在作出仲裁裁决后，只要劳动者不提起诉讼和用人单位不申请撤销仲裁裁决，仲裁裁决即发生法律效力。

6 劳动争议调解有什么作用?

劳动争议调解是指在劳动争议处理机构或组织的主持下，依照法律、法规和政策规定，在查明事实、明辨是非、分清责任的基础上，通过说服引导，劝说企业与劳动者互谅互让，达成协议，从而解决争议的活动。

在我国劳动争议处理制度中，劳动争议的调解有广义、狭义两种概念。广义的劳动争议调解是指贯彻着重调解原则，贯穿于劳动争议处理全过程的调解，包括劳动争议调解组织的调解、劳动争议仲裁委员会的调解和人民法院对劳动争议案件的调解。狭义的劳动争议调解仅指劳动争议调解组织的调解。这里所阐述的劳动争议调解仅指狭义的劳动争议调解。

劳动争议调解有以下作用：

（1）有利于及时解决劳动争议。劳动争议调解组织设在基层，贴近劳动者。通过基层调解，有利于调解组织及时受理争议当事人特别是劳动者一方当事人的申请，有利于快速解决劳动争议。劳动争议调解组织成员都来自企业或身处基层，容易取得用人单位和劳动者的信任，加上他们对用人单位劳动条件、生产工作环境、劳动关系状况、劳动者个人情况等都比较熟悉，有利于对争议事实和争议原因作客观了解和分析，并在此基础上提出切实可行的解决办法，从而能更有针对性地进行调解，保证调解的质量，促使争议得到合法合理的解决，防止矛盾的扩散和激化。

（2）有利于化解争议，增进团结。劳动争议调解解决争议的方式是说服劝导，沟通协商。在这种公正、民主、和谐的气氛中，用人单位和劳动者很容易自愿达成调解协议，并自觉遵守和执行。用人单位和劳动者在相互谅解中增进了了解，平息了矛盾，加强了团结。

（3）有利于将争议解决在基层，避免矛盾的进一步扩大。调解是通过法定渠道解决劳动争议的重要程序。有效发挥基层调解的作用，把大量的劳动争议就地消除、化解在基层。这不仅维护了用人单位正常的生产秩序和工作秩序，而且避免了用人单位和劳动者矛盾的进一步扩大，大大减少劳动争议所带来的负面影响。

（4）有利于降低劳动争议处理成本。通过调解解决劳动争议，不仅节省了争议双方在人力、财力和精力方面的支出，同时也大大减轻了劳动争议仲裁委员会和人民法院的工作量和压力，节约了国家财政支出，有利于劳动争议仲裁委员会和人民法院把主要精力集中于解决复杂、疑难的案件。

7 什么是企业劳动争议调解?

企业劳动争议调解是指企业和劳动者发生劳动争议后，在企业劳动争议调解委员会的主持下，在查明事实、明辨是非、分清责任的基础上，遵循一定原则，通过宣传国家法律和政策，促使企业和有争议的劳动者达成协议，从而把劳动争议解决在企业内的一种活动。

根据《劳动争议调解仲裁法》，企业劳动争议调解不是劳动争议处理的必经程序，但它却担负着企业大量的劳动争议化解工作，起着劳动争议处理中的第一道防线作用，是我国劳动争议处理制度中不可缺少的重要组成部分。

我国目前处理劳动争议最基层的组织就是企业劳动争议调解委员会，企业劳动争议调解作为我国长期以来行之有效的解决企业劳动争议的一种方法，并不是可有可无的。相反，它是企业内部解决劳动争议的重要方式。具体来说：

（1）企业劳动争议调解有助于企业妥善处理其内部的劳动争议。企业内部劳动争议调解组织的设置和组成，坚持便利原则，有助于争议的及时解决。劳动争议调解人员属于本企业的劳动者，熟悉本单位情况和争议发生的前因后果，这就具有两个优越条件：一是能够就近及时解决争议，防止矛盾激化；二是便于坚持“调防结合，积极预防”的工作方针，积极做好劳动争议的预防工作，尽可能减少劳动争议。企业劳动争议调解委员会可以经常与上级工会及劳动争议仲裁机构联系，结合政策、法律、法规对企业劳动者进行法治教育，提供义务法律咨询，协助企业行政制定规章制度，及时反映劳动者的愿望和要求，指出争议发生的隐患，提出预防措施等。这样就能够消除企业与劳动者之间的矛盾，促进双方团结一致，调动全体劳动者的工作积极性。

（2）企业劳动争议调解委员会由劳动者代表与企业代表两方人员组成，能够有效地保障劳动者和企业的合法权益，维护正常的生产经营秩序。

（3）发生劳动争议后，申请企业劳动争议调解委员会调解，是一种可以实现劳动者小纠纷不翻脸的有效解决途径。这种调解在企业内部进行，因“家丑”不外扬，用人单位在感情上也易于接受。因而解决问题后彼此也容易和睦相处。

企业调解不是劳动争议处理的必经程序，但选择此程序对当事人有利无弊，若经企业调解委员会调解不成，劳动者还可以向所在地的基层人民调解组织和在乡镇、街道设立的具有劳动争议调解职能的组织申请调解，也可以向仲裁委员会申请仲裁，而调解委员会的调解时间会从申请仲裁的期限中扣除。

8 企业劳动争议调解委员会由哪些人员组成?

企业劳动争议调解委员会由劳动者代表和企业代表组成。劳动者代表由工会成员担任或者由全体劳动者推举产生，企业代表由企业负责人指定。企业劳动争议调解委员会主任由工会成员或者双方推举的人员担任。劳动争议调解委员会由劳动关系双方代表构成，有利于调解委员会在调解中充分听取和反映当事人双方的意见和要求，全面、客观分析争议事实，提出比较恰当的调解意见，防止调解工作的片面性和偏袒一方的现象出现，从而较好地维护企业与劳动者合法权益，合理解决劳动争议。

企业劳动争议调解委员会主任由工会成员或者双方推举的人员担任。根据这一规定，在成立工会组织的企业，应当由工会代表担任劳动争议调解委员会主任。没有成立工会组织的企业，则由双方推举的人员担任劳动争议调解委员会主任。这就明确了企业劳动争议调解工作由工会负责的原则。

按照法律规定，调解员应当由公道正派、联系群众、热心调解工作，并具有一定法律知识、政策水平和文化水平的成年公民担任。

9 企业劳动争议调解委员会的工作职责是什么？

企业劳动争议调解委员会作为依法设立的，专门调解本企业劳动争议的组织，通过依法履行以下主要职责，维护本企业与劳动者的合法权益：

（1）对本企业发生的劳动争议进行调解。这是企业劳动争议调解委员会最基本也是最主要的职责。劳动争议发生后，劳动争议调解委员会应及时接受劳动者的申请对其劳动争议进行调解，以使劳动争议尽快得以解决。根据《劳动争议调解仲裁法》的规定，企业劳动争议调解委员会依法调解下列劳动争议：因确认劳动关系发生的争议；因订立、履行、变更、解除和终止劳动合同发生的争议；因除名、辞退和辞职、离职发生的争议；因工作时间、休息休假、社会保险、福利、培训以及劳动保护发生的争议；因劳动报酬、工伤医疗费、经济补偿或者赔偿金等发生的争议；法律、法规规定的其他劳动争议。

(2) 监督和解协议、调解协议的履行。这是企业劳动争议调解委员会的重要职责。企业劳动争议调解委员会可以通过定期和不定期的回访，检查当事人执行和解协议、调解协议情况，并采用说服教育的手段，督促双方当事人认真履行和解协议、调解协议。

(3) 协助企业建立劳动争议预防、预警机制，尽力避免或者减少劳动争议的发生，这也是企业劳动争议调解委员会的一项重要职责。企业劳动争议调解委员会要贯彻“预防为主，防调结合”的方针，积极做好劳动争议的预防工作，以减少和避免劳动争议的发生。

为了预防劳动争议的发生，企业劳动争议调解委员会应当做好以下工作：一是积极宣传各项劳动法律法规和政策，加强法治教育，使企业行政和劳动者明确自己在劳动问题上享有的权利及义务，增强劳动法治观念和依法办事的自觉性。二是注重调查研究，发现争议苗头，及时采取相应的措施，有针对性地进行政策法律教育，做好有关的咨询工作和说服劝导工作，防止矛盾进一步扩大。三是总结经验，研究本企业发生劳动争议的规律，有针对性地帮助企业完善企业规章制度，以减少劳动争议的发生。

除此之外，企业劳动争议调解委员会还具有以下职责：①聘任、解聘和管理调解员；②参与协调履行劳动合同、集体合同、执行企业劳动规章制度等方面出现的问题；③参与研究涉及劳动者切身利益的重大方案。

10 在乡镇、街道设立的具有劳动争议调解职能的组织，其职责是什么？

在乡镇、街道设立具有劳动争议调解职能的组织，是一些地方为解决劳动争议的实际需要而设立的区域性劳动争议调解组织。这种调解组织一般依托乡镇、街道工会，由工会代表、劳动行政部门的代表、企业代表和社会有关人士代表等组成。调解组织主任大都由乡镇、街道工会代表担任。此外，一些地方工会设立的劳动者维权中心、法律援助中心和劳动者服务中心，乡镇、街道劳动服务站（所），也承载了劳动争议调解职能，成为区域性劳动争议调解组织的重要组成部分。其通过履行以下职责维护劳动者的合法权益：

（1）指导本地区内企业劳动争议调解委员会的工作。这是在乡镇、街道设立的具有劳动争议调解职能的组织的主要工作。指导工作包括对企业劳动争议调解委员会的劳动法律、法规和政策的指导、工作方法的指导以及对具体劳动争议调解的指导，以提高企业劳动争议调解委员会的法律政策水平和业务工作能力，解决企业劳动争议调解委员会在实践中遇到的困难。

（2）指导劳动争议预防工作。在乡镇、街道设立的具有劳动争议调解职能的组织在指导企业劳动争议调解委员会工作的同时，还应将指导企业劳动争议调解委员会预防劳动争议的工作放到重要的位置，注意发现本区域内劳动争议发生的规律，研究预防政策，争取最大限度防止争议的发生和把争议解决在萌芽状态。

（3）接受上级工会和劳动争议仲裁委员会的指导。在乡镇、街道设立的具有劳动争议调解职能的组织应及时向本级区域内劳动争议调解委员会传达上级工会的指导意见，如实向上级工会反映本区域内企业劳动关系状况、劳动争议情况和劳动争议调解工作的情况。

（4）调解本区域内未建立企业劳动争议调解委员会的企业的劳动争议。由于近年来非公有制企业不断增多，在一些企业中尤其是外商投资企业、私营企业和乡镇企业中尚未建立劳动争议调解委员会，而这些企业中劳动争议呈上升的态势。因此，调解和预防这些企业的劳动争议的任务十分迫切。在乡镇、街道设立的具有劳动争议调解职能的组织一方面应积极调解这些企业的劳动争议，另一方面应采取措施帮助这些企业尽快建立劳动争议调解委员会，以协调和稳定劳动关系。

11 劳动争议调解有哪些原则?

劳动争议的调解，除了要遵循劳动争议处理的一般原则，即合法、公正、及时、着重调解的原则外，还应该遵循劳动争议调解的特有原则。劳动争议调解原则是劳动争议调解组织在调解劳动争议案件的全过程中起指导作用的指导思想和行为准则，集中体现了我国劳动争议调解的本质和特征，对劳动争议调解工作提出了总体要求。如果劳动争议调解组织在调解劳动争议案件过程中未遵循这些原则，劳动者可以对此提出异议。

根据《劳动法》《劳动争议调解仲裁法》的规定，劳动争议调解组织在调解劳动争议中，应当遵守以下原则：

（1）自愿原则。是指劳动争议调解组织在受理争议、调解争议、达成协议、执行协议的整个过程中，必须尊重劳动者的意愿，采用说服教育方式，不得使用强迫手段。调解劳动争议，必须遵守当事人双方自愿的原则。自愿是调解的前提条件。任何一方当事人如果不愿意调解，调解就不能进行。

（2）教育说服原则。是指劳动争议调解组织在调解过程中，采取教育的方法、说服的方法、引导的方法来调解争议。采用教育说服的方法解决劳动争议是由劳动争议调解组织的性质所决定的。因为劳动争议调解组织是群众性组织，没有行政权和司法权。这种性质决定了劳动争议调解组织只能采取教育的方法、说服的方法和引导的方法调解劳动争议，既不能用命令的方式强迫一方当事人接受另一方的意愿，也不能强迫双方当事人接受调解组织的意愿。只有在这样的基础上，双方才能真正进行沟通，互谅互让，才有可能达成被双方认可的调解协议，并自觉遵守和履行，从而彻底解决争议。

（3）尊重当事人申请仲裁和诉讼权利的原则。是指当发生争议的当事人不愿意接受调解，或者调解不成时，劳动争议调解组织应及时终止调解，告知当事人向劳动争议仲裁委员会申请仲裁或依法向人民法院提起诉讼，不能阻止当事人申请仲裁或提起诉讼。

申请仲裁和诉讼，是法律赋予劳动者维护自身合法权益的一项重要权利，任何组织和个人都不得剥夺和侵犯。调解实行的是当事人自愿原则，不是法定的必经程序，也不是仲裁、诉讼受理的必要条件，不能要求所有劳动争议都要先经过调解组织进行调解。

12 企业劳动争议调解委员会怎样调解劳动争议？

根据《企业劳动争议协商调解规定》对调解委员会调解程序的具体规定，调解委员会应按下列程序进行调解：

调解委员会接到调解申请后，对属于劳动争议受理范围且双方当事人同意调解的，应当在3个工作日内受理。对不属于劳动争议受理范围或者一方当事人不同意调解的，应当做好记录，并书面通知申请人。

发生劳动争议，当事人没有提出调解申请，调解委员会可以在征得双方当事人同意后主动调解。

经调解达成调解协议的，由调解委员会制作调解协议书。调解协议书应当写明双方当事人基本情况、调解请求事项、调解的结果和协议履行期限、履行方式等。调解协议书由双方当事人签名或者盖章，经调解员签名并加盖调解委员会印章后生效。调解协议书一式三份，双方当事人和调解委员会各执一份。生效的调解协议对双方当事人具有约束力，当事人应当履行。

双方当事人可以自调解协议生效之日起15日内共同向仲裁委员会提出仲裁审查申请。仲裁委员会受理后，应当对调解协议进行审查，并根据《劳动人事争议仲裁办案规则》第五十四条规定，对程序和内容合法有效的调解协议，出具调解书。

调解委员会调解劳动争议，应当自受理调解申请之日起15日内结束。但是，双方当事人同意延期的可以延长。在规定期限内未达成调解协议的，视为调解不成。

13 劳动者怎样参加调解活动?

发生劳动争议，当事人不愿协商、协商不成或者达成和解协议后，一方当事人在约定的期限内不履行和解协议的，可以依法向调解委员会或者乡镇、街道劳动就业社会保障服务所（中心）等其他依法设立的调解组织申请调解，也可以依法向劳动人事争议仲裁委员会申请仲裁。

14 工会在解决劳动争议过程中如何发挥作用?

《劳动争议调解仲裁法》第四条规定:“发生劳动争议，劳动者可以与用人单位协商，也可以请工会或者第三方共同与用人单位协商，达成和解协议。”第八条规定:“县级以上人民政府劳动行政部门会同工会和企业方面代表建立协调劳动关系三方机制，共同研究解决劳动争议的重大问题。”第十条第二款规定:“企业劳动争议调解委员会由职工代表和企业代表组成。职工代表由工会成员担任或者由全体职工推举产生，企业代表由企业负责人指定。企业劳动争议调解委员会主任由工会成员或者双方推举的人员担任。”第十九条第一款规定:“劳动争议仲裁委员会由劳动行政部门代表、工会代表和企业方面代表组成。劳动争议仲裁委员会组成人员应当是单数。”由此可见，工会在劳动争议解决过程中通过劳动争议和解、协调劳动关系三方机制、劳动争议调解委员会、劳动争议仲裁委员会等方式代表职工利益发挥作用。

15 劳动争议调解组织调解不成怎么办？

劳动争议调解委员会调解不成有两种情况：第一种情况是，经调解委员会调解双方当事人没有达成调解协议；第二种情况是，调解没有在法律规定期间内结案的。《劳动争议调解仲裁法》第十四条第三款规定：“自劳动争议调解组织收到调解申请之日起十五日内未达成调解协议的，当事人可以依法申请仲裁。”

劳动争议调解组织对受理的劳动争议调解不成、调解没有在法律规定期间内结案的，当事人可以自知道或者应当知道其权利被侵害之日起一年内（不含劳动争议调解组织在规定期限内的调解时间）向劳动争议仲裁委员会申请仲裁。

16 调解委员会制作的调解协议书是否具有法律约束力？

劳动争议当事人在《劳动争议调解仲裁法》第十条

规定的调解组织主持下达成调解协议的，应当制作调解协议书。调解协议书由双方当事人签名或者盖章，经调解员签名并加盖调解组织印章后生效，对双方当事人具有约束力，当事人应当履行。

劳动争议当事人在《劳动争议调解仲裁法》第十条规定的调解组织主持下达成的具有劳动权利义务内容的调解协议，具有劳动合同的约束力，可以作为人民法院裁判的根据。

劳动争议当事人在《劳动争议调解仲裁法》第十条规定的调解组织主持下仅就劳动报酬争议达成调解协议，用人单位不履行调解协议确定的给付义务，劳动者直接提起诉讼的，人民法院可以按照普通民事纠纷受理。

劳动争议当事人在人民调解委员会主持下仅就给付义务达成的调解协议，双方认为有必要的，可以共同向人民调解委员会所在地的基层人民法院申请司法确认。

劳动争议当事人在企业劳动争议调解委员会主持下调解达成协议的，双方当事人可以自调解协议生效之日起 15 日内共同向仲裁委员会提出仲裁审查申请。仲裁委员会受理后，应当对调解协议进行审查，并根据《劳动人事争议仲裁办案规则》的规定，对程序和内容合法有效的调解协议，出具调解书。

17 达成调解协议后当事人反悔或者不履行的怎么办？

劳动争议当事人在《劳动争议调解仲裁法》第十条规定的调解组织主持下达成调解协议后，一方当事人在协议约定期限内不履行调解协议的，另一方当事人可以依法申请仲裁。

对企业劳动争议调解委员会主持下达成调解协议后，双方当事人未按规定提出仲裁审查申请，一方当事人在约定的期限内不履行调解协议，另一方当事人依法申请仲裁；仲裁委员会受理仲裁申请后，应当对调解协议进行审查，调解协议合法有效且不损害公共利益或者第三人合法利益的，在没有新证据出现的情况下，仲裁委员会可以依据调解协议作出仲裁裁决。

因支付拖欠劳动报酬、工伤医疗费、经济补偿或者赔偿金事项达成调解协议，用人单位在协议约定期限内不履行的，劳动者可以持调解协议书依法向人民法院申请支付令。人民法院应当依法发出支付令。

18 什么是劳动争议仲裁？

劳动争议仲裁是指依照国家法律、法规规定成立的劳动争议仲裁委员会，根据当事人的申请，遵循法律规定的原则和程序，对用人单位与劳动者发生的劳动争议进行调解和裁决的一项劳动法律制度。我国劳动争议仲裁的特征是：

（1）仲裁程序的前置性。根据《劳动争议调解仲裁法》的规定，仲裁是解决劳动争议的必经程序。劳动争议仲裁前置，主要是出于劳动争议的特殊性和我国的国情考虑的。第一，劳动者处于相较于用人单位更弱势的地位，保护劳动者是劳动立法的宗旨，并且劳动争议的处理是一个既敏感又专业的领域，处理不当，便可能会产生争议愈演愈烈的趋势，进而影响社会稳定，妨碍经济发展。第二，由劳动争议仲裁机构对劳动争议进行先行处理，可以避免大量案件积压在法院，使劳动争议得到及时处理。

（2）兼具终局性和非终局性。劳动争议仲裁兼具终局性与非终局性。在法定条件下，部分案件一裁终局，即自裁决作出之日，裁决书即发生效力。这包括两类案件，第一类是因追索劳动报酬、工伤医疗费、经济补偿或者赔偿金，提起仲裁的标的不超过当地月最低工资标准十二个月金额总和的争议；第二类是因执行国家的劳动标准在工作时间、休息休假、社会保险等方面发生的争议。但法律对劳动者和用人单位赋予了不同的“决定终局权”，劳动者对仲裁裁决不服的，可以自收到仲裁裁决书之日起十五日内向人民法院提起诉讼。而用人单位只有在六种情形下才能申请撤销仲裁裁决。仲裁裁决被撤销后，当事人可以向人民法院提起诉讼。

（3）仲裁程序的快捷性。劳动争议的性质和特点，决定了必须迅速及时地予以解决。比起诉讼程序，劳动争议仲裁程序从申请、受理，到审理、裁决都比较简便。《劳动争议调解仲裁法》规定仲裁的期限，一般的期限是五十天，其中五天是受理的批准期限，四十五天是仲裁期限。如果需要延长，仲裁期限最长可以延长到六十天，加上受理的期限五天，共六十五天。与我国现阶段的民事诉讼程序相比，仲裁的快捷性是显而易见的。

（4）实行“三方原则”。三方原则是指政府、企业代表组织和工会，三方分别代表国家、用人单位和劳动者利益，按照一定制度规则和程序，共同参与劳动关系协调，劳动政策、法规制定，劳动争议处理的一项基本原则及在协调劳动关系方面所形成的组织体系和运作机制。劳动争议仲裁制度自 1987 年恢复以来，遵循三方代表共同参与的三方原则。三方原则对体现劳动争议仲裁的公正性，依法维护企业与劳动者的合法权益发挥了积极的作用。

19 劳动争议仲裁有哪些作用?

（1）及时快速解决劳动争议，促进稳定和谐的劳动关系。劳动争议的发生有一定的必然性。如果劳动争议不能及时得以解决，造成劳动关系的紧张，势必影响企业生产经营秩序。因此，劳动争议发生后，必须尽快予以解决，以维持劳动关系的和谐稳定。劳动争议仲裁制度正适应了这种要求，突出体现在劳动争议仲裁程序简便、灵活，仲裁期限短，实行一次仲裁原则。这些都保证了仲裁裁决能在较短的时间内作出，使劳动争议得以及时解决，促进劳动关系的和谐稳定。

（2）保护劳动争议当事人特别是劳动者的合法权益。劳动争议仲裁是我国处理劳动争议的一个基本形式和法律制度，其根本目的在于通过解决劳动争议，依法维护劳动关系双方的合法权益，从而保证劳动关系在法治的轨道上协调发展。特别是劳动者处于弱势地位，劳动争议仲裁大都因劳动者合法权益受侵害而提起。劳动争议仲裁制度对于维护劳动者合法权益来说，具有更大的意义。劳动争议仲裁机构在双方当事人无法自行解决争议的情况下，通过行使法律授予的仲裁权，分清责任，明辨是非，依法保障当事人享有劳动权利，督促当事人履行劳动义务。

（3）减轻当事人的诉讼成本和人民法院的负担。相比起诉讼来说，仲裁具有较大的优势。劳动争议仲裁委员会由劳动关系三方组成，处理期限短且程序简单，可以在较短时间公正快速解决劳动争议。为更大程度上发挥仲裁的优势，《劳动争议调解仲裁法》创设了有条件的一裁终局制度，即对部分小额争议和涉及执行国家的劳动标准的简单争议作出的仲裁裁决，在劳动者没有提起诉讼和用人单位没有申请撤销的情况下，就发生法律效力。把仲裁作为诉讼的前置程序，甚至部分案件实行仲裁终局，能使大部分劳动争议解决在仲裁阶段，有利于节约当事人的诉讼成本，也有利于减轻人民法院的负担，减少人力、物力和时间的浪费。

20 劳动争议仲裁有哪些原则？

（1）独立仲裁原则。独立仲裁是指劳动争议仲裁机构依法独立对劳动争议案件行使仲裁权，不受其他任何组织和个人的干涉。这一原则主要包括以下内容：

一是劳动争议仲裁权统一由劳动争议仲裁机构行使。劳动争议仲裁权是劳动争议仲裁机构根据当事人的申请，并在双方当事人的参加下，依照法律的规定居中裁判劳动争议的权力，具有统一性和完整性。凡是中国境内发生的劳动争议，应依法经由劳动争议仲裁机构处理。其他任何组织和个人无权行使劳动争议仲裁权。

二是劳动争议仲裁机构行使仲裁权，不受其他组织和个人的干涉。劳动争议仲裁机构必须排除其他组织和个人，特别是劳动行政部门的干扰。劳动争议仲裁机构是独立行使仲裁权的机关，劳动行政部门对其只是工作原则方针方面的宏观指导，不能对具体劳动争议案件进行干预。此外，劳动争议仲裁机构相对于人民法院也具有独立性。人民法院对仲裁的监督应当在法律规定的范围内进行。

(2) 一次裁决原则。我国劳动争议仲裁实行一次裁决制，即当事人向劳动争议仲裁委员会申请，劳动争议仲裁委员会在作出仲裁调解书或裁决书后，劳动争议仲裁程序即行结束。当事人不服裁决，不能再向劳动争议仲裁委员会申请，只能按照法律的规定向人民法院起诉或者申请撤销仲裁裁决。劳动争议实行一次裁决制，既提高了处理劳动争议的效率，又保障了当事人提起诉讼的权利。

(3) 不同举证责任原则。劳动法律关系不同于民事法律关系，劳动者与用人单位客观上处于不平等地位。在建立劳动关系后，劳动者受用人单位管理，双方形成管理和被管理的从属关系。因此，在劳动争议仲裁中的举证责任上，就不能简单适用“谁主张，谁举证”的民事诉讼举证原则。根据《劳动争议调解仲裁法》和最高人民法院有关劳动争议的司法解释的规定，在以下几种情况下，应当实行举证责任倒置，即由用人单位负举证责任：

一是与争议事项有关的证据属于用人单位掌握管理的，用人单位应当提供。

二是因用人单位作出开除、除名、辞退、解除劳动合同、减少劳动报酬、计算劳动者工作年限等决定引起的劳动争议，由用人单位举证。

以上两种情况实行举证责任倒置，仲裁庭应当要求用人单位提供。用人单位在指定期限内不提供的，应当承担不利后果。

21 什么是劳动争议仲裁委员会，由哪些人员组成？

劳动争议仲裁委员会是国家授权、依法独立处理劳动争议的专门机构。按照我国法律规定，劳动争议仲裁委员会按照统筹规划、合理布局和适应实际需要的原则设立。省、自治区人民政府可以决定在市、县设立；直辖市人民政府可以决定在区、县设立。直辖市、设区的市也可以设立一个或者若干个劳动争议仲裁委员会。劳动争议仲裁委员会不按行政区划层层设立。

三方原则，即由政府、工人和雇主的三方代表组成的形式处理劳动争议，这已成为国际上通行的惯例，是市场经济国家调整劳动关系和处理劳动争议的有效形式。《劳动争议调解仲裁法》第十九条第一款规定：“劳动争议仲裁委员会由劳动行政部门代表、工会代表和企业方面代表组成。劳动争议仲裁委员会组成人员应当是单数。”根据这一规定，劳动争议仲裁委员会的设立应该遵循如下规则：

（1）根据劳动争议处理的“三方原则”，劳动争议仲裁委员会应当由劳动行政部门代表、工会代表和企业方面代表组成。作为劳动争议仲裁委员会的委员必须是而且只能是行政部门的代表、工会的代表和企业方面的代表。

（2）劳动争议仲裁委员会组成人员应当是单数。为了防止劳动争议仲裁委员会在表决时无法形成简单多数，陷入决策僵局，所以劳动争议仲裁委员会的委员人数应该是单数。

劳动争议仲裁委员会的办事机构指的是劳动争议仲裁委员会日常事务的处理机构。办事机构是劳动争议仲裁委员会的内部机构。

22 什么是劳动争议仲裁庭？

仲裁庭是由仲裁员组成的具体劳动争议的裁决机构。用人单位与劳动者发生劳动争议，应当由仲裁庭进行仲裁。劳动争议的仲裁实行仲裁庭制意味着：第一，劳动纠纷的处理不是由仲裁委员会进行，而是由仲裁庭进行，由仲裁庭独立地审理案件；第二，针对每个案件应该单独地成立仲裁庭，仲裁结束后，该仲裁庭解散。

原则上劳动争议案件的裁决应该采用一般仲裁庭的方式。一般仲裁庭由三名仲裁员组成，在三名仲裁员中，必须确定一名首席仲裁员。首席仲裁员在仲裁的过程中享有特别的权力，包括询问最后意见、不能形成最终意见时的决定权等。但是在其他权力的享有上，一般仲裁员和首席仲裁员并没有实质性的差别。对于简单的劳动争议案件，可以采用独任仲裁的方式，也就是由一名仲裁员组成仲裁庭。简单的劳动争议案件是指事实清楚、权利义务关系明确、争议不大的案件。

仲裁庭在劳动争议仲裁委员会的授权和领导下，以劳动争议仲裁委员会的名义独立仲裁劳动争议案件，向劳动争议仲裁委员会负责。劳动争议仲裁委员会根据不同的劳动争议案件，从以一定条件任命或聘请的专职或兼职仲裁员中挑选一名或三名仲裁员组成仲裁庭，由仲裁庭代表仲裁委员会行使处理劳动争议的权力。

23 什么是劳动争议仲裁管辖?

劳动争议仲裁管辖，是规定劳动者应当到哪一个劳动争议仲裁委员会申请劳动争议仲裁，劳动争议案件由哪一个劳动争议仲裁委员会受理的法律制度。根据《劳动争议调解仲裁法》的规定，我国劳动争议仲裁委员会管辖劳动争议实行地域管辖，不实行级别管辖。

（1）一般地域管辖。《劳动争议调解仲裁法》第二十一条第一款明确规定，劳动争议仲裁委员会负责管辖本区域内发生的劳动争议。即市、区、县区域内发生的劳动争议，由该市、区、县的劳动争议仲裁委员会负责处理。如何判断此劳动争议是否发生于本区域？只要发生争议的当事人一方的用人单位所在地或者发生争议的当事人之间的劳动合同的履行地是在一个劳动争议仲裁委员会的管辖范围内，则该劳动争议仲裁委员会就是有管辖权的劳动争议仲裁委员会。劳动者必须到有管辖权的劳动争议仲裁委员会去申请仲裁。用人单位所在地一般是指用人单位的注册地，用人单位的注册地与经常营业地不一致的，用人单位所在地指用人单位经常营业地。

实践中，大多数情况下，劳动合同的履行地即为用人单位所在地。选择劳动合同履行地或者用人单位所在地的劳动争议仲裁委员会进行劳动争议仲裁，既方便劳动者和用人单位参加仲裁活动，又方便劳动争议仲裁委员会对仲裁案件的审理活动；且一旦仲裁裁决发生法律效力，当事人向人民法院申请强制执行时，还便于人民法院进行强制执行。

（2）特殊地域管辖。为了解决用人单位和劳动者就劳动争议仲裁委员会的管辖权发生争议时如何确定劳动争议仲裁管辖的问题，《劳动争议调解仲裁法》第二十一条第二款规定，如果劳动合同的履行地和用人单位的所在地分属于不同的劳动争议仲裁委员会，而双方当事人分别向劳动合同履行地和用人单位所在地的劳动争议仲裁委员会申请仲裁的，由劳动合同履行地的劳动争议仲裁委员会管辖。

24 什么是劳动争议仲裁的当事人？

劳动争议仲裁当事人是指因劳动法律关系发生争议，以自己的名义向劳动争议仲裁委员会申请仲裁或者被申请仲裁，仲裁结果与其有法律上的直接利害关系，并受仲裁机构的裁决约束的人，主要包括申请人、被申请人、共同当事人以及第三人等。根据上述概念，劳动争议仲裁的当事人应该包含如下几个特征：

（1）劳动法律关系发生纠纷，即劳动权利与义务关系发生纠纷是劳动争议仲裁当事人最基本的特征。只有因为劳动权利和义务发生纠纷，并向仲裁机关申请仲裁或者被申请仲裁的人才可以成为劳动争议仲裁的当事人。

（2）以自己的名义参加仲裁活动。这是仲裁当事人区别于仲裁代理人的基本特征。不以自己的名义提请仲裁或者被申请仲裁的，就不是仲裁当事人，只能是仲裁代理人。

（3）与案件的仲裁结果有法律上的利害关系。劳动争议仲裁是当事人因劳动法律关系发生争议而提起，申请人申请仲裁的目的，旨在维护自己的合法权益，被申请人参加仲裁、反驳、抗辩也是为了维护自己的合法权益，因此案件的仲裁结果与当事人有着法律上的直接利害关系。

（4）仲裁当事人受到仲裁裁决的约束。劳动纠纷仲裁裁决是具有法律约束力的文件，一旦按照法律规定的程序生效后，就会对当事人发生法律上的约束力和强制执行力。一方当事人不履行该裁决的，另一方当事人可以向人民法院申请强制执行。

（5）劳动争议仲裁的当事人有着特定的身份——劳动者和用人单位。由劳动法律关系的主体限定在劳动者和用人单位之间所决定，劳动争议仲裁的当事人也限于劳动者和用人单位。其中用人单位主要包括“中华人民共和国境内的企业、个体经济组织、民办非企业单位”以及特定情况下的“国家机关、事业单位、社会团体”。而劳动者指的是和用人单位建立劳动关系的自然人。

25 劳动者在劳动争议仲裁中有哪些权利和义务?

劳动者享有的权利包括：

（1）委托代理人参加仲裁的权利。由于劳动者可能受到自身知识、时间等的限制，没有能力或者时间参加仲裁，因此法律允许劳动者委托代理人代理自己参加仲裁。

（2）在仲裁机构对仲裁申请不予受理时，提起诉讼的权利。在仲裁机构对有关的仲裁申请不予受理时，劳动者可以自收到不予受理通知书之日起十五日内向法院提起诉讼。

（3）申请回避的权利。为了防止仲裁员和所仲裁的案件有法律上的利害关系，影响公正裁决的作出，法律赋予劳动者在法定的情形下口头或者书面申请与案件有利害关系的仲裁员回避的权利。

（4）申请延期开庭的权利。如果劳动者因为特定的事由而无法参加仲裁，可以向仲裁委员会提出延期开庭的申请。

（5）辩论或者质证的权利。在仲裁的过程中，劳动者有权进行辩论和质证，就有关的证据、事实和法律问题发表自己的意见。

（6）自行和解的权利。在劳动者申请仲裁之后，可以与用人单位自行和解。

（7）申请补正庭审笔录的权利。如果劳动者认为仲裁庭开庭情况的记录有遗漏或者错误，有权申请仲裁庭进行补正，如果仲裁庭不予补正，应当将该申请记入笔录。

（8）不服仲裁裁决提起诉讼或者请求法院撤销仲裁裁决的权利。根据法律的规定，劳动者对所有案件的仲裁裁决不服的，都可以重新提起诉讼；而用人单位对于特定案件在符合法定条件时可以请求人民法院撤销，对于其他案件则可以在不服时提起诉讼。

（9）申请强制执行的权利。在劳动争议仲裁裁决生效后，一方当事人拒绝履行的，另一方当事人可以请求人民法院强制执行。

劳动者承担的义务包括：

（1）依法行使仲裁权利的义务。劳动者应该依法行使仲裁权利，不得损害其他人的合法权益。

（2）遵守仲裁秩序的义务。在仲裁的过程中，劳动者应该遵守仲裁秩序，服从仲裁机构的安排，不得扰乱仲裁程序的进行。

（3）执行发生法律效力的仲裁裁决的义务。发生法律效力的仲裁裁决是具有法律约束力的法律文件，劳动者必须执行。一方当事人不执行的，另一方当事人可以向法院申请强制执行。

用人单位与劳动者都可以作为申请人和被申请人。申请人和被申请人在劳动争议仲裁中的权利和义务基本相同，所不同的在于用人单位履行举证义务时，对因开除、除名和辞退劳动者引起的劳动争议，用人单位应对其处理负举证责任，否则要承担不利的后果。

26 什么是劳动争议仲裁的代理人？

劳动争议仲裁的代理人是指根据法律的规定、仲裁委员会的指定或者当事人的委托以被代理人的名义，为维护被代理人的利益而参加到仲裁程序中，代表或者帮助被代理人进行仲裁活动的人。

劳动争议仲裁的代理人具有如下特征：

（1）为被代理人的利益进行仲裁活动。劳动争议仲裁解决的是被代理人和相对人之间的劳动纠纷，代理人并不是实体权利的享有者，也不是实体义务的承担者，他参与仲裁程序是为了维护被代理人的利益。

（2）以被代理人的名义进行仲裁活动。以被代理人的名义从事某种活动是代理人的主要特征。以被代理人的名义活动，一方面，用于表明实体权利的享有者和实体义务的承担者是被代理人，另一方面，也能将代理人为自己利益所从事的活动和为被代理人利益从事的活动区分开来。

（3）参加仲裁的依据是法律的规定、仲裁委员会的指定或者当事人的委托。代理人之所以能够以被代理人的名义行为，主要的原因在于其得到了被代理人的委托和授权。此外，在特定的情况下，法律也会直接规定某人是特定当事人的代理人或者规定仲裁委员会有权为特定人指定代理人。只有依据被代理人的委托、法律的规定或者仲裁委员会的指定从事的代理行为，才是有权代理，才能够对被代理人发生法律上的效力。

（4）代理人从事的行为可以是代表被代理人也可以是帮助被代理人。在被代理人委托代理人后或者根据法定或指定而获得他人的代理后，被代理人自己可以出庭也可以不出庭。在其不出庭时，则完全由代理人代表自己从事仲裁活动；在其出庭时，则代理人可以帮助其从事仲裁活动。

（5）代理人从事代理行为的法律后果由被代理人承担。在被代理人授权或者法律规定的范围，代理人为了被代理人的利益，以被代理人的名义所从事的仲裁行为的后果，包括权利和义务，完全由被代理人承担。

27 什么是劳动争议仲裁申请?

劳动争议仲裁申请是指劳动争议的一方当事人，认为另一方当事人侵害其合法权益，依法向劳动争议仲裁委员会提出申请，要求仲裁机构对劳动争议进行仲裁，以保护其合法权益的行为。劳动争议仲裁申请有以下特征：

（1）申请劳动争议仲裁的主体必须是具有劳动关系并发生劳动争议的劳动者和用人单位；劳动者和用人单

位也可以委托代理人代为提出劳动争议仲裁申请。

（2）劳动争议双方都有权为保护自己的合法权益提出劳动争议仲裁申请，并对此权利拥有完全的处分权利。

（3）申请是一种法律请求权，是启动劳动争议仲裁程序的前提条件，劳动争议仲裁机构必须对申请依法作出受理或不受理的决定。

28 劳动争议申请仲裁时效中断的法定情形有哪些?

劳动争议申请仲裁时效因法定事项出现而中断的情形有：

（1）当事人一方向对方当事人主张权利。一般说来，在劳动争议问题上，一方当事人向调解组织要求调解，向仲裁委员会申请仲裁，向人民法院提起诉讼，向有关部门提出控告等都是主张权利的行为。

（2）向有关部门请求权利救济。这主要是就争议事项向政府有关部门提出请求救济，向法律援助机构提出要求援助的申请，向工会组织提出帮助和援助的要求等。

（3）对方当事人同意履行义务。对方当事人同意履行应尽的义务，等于劳动争议事项得到解决，时效的延续已经没有意义，所以时效中断。在对方当事人同意履行义务又反悔的情况下，时效应当从对方当事人反悔之日起重新计算。

对于仲裁时效在中断后如何计算的问题，《劳动争议调解仲裁法》明确规定：从中断时起，仲裁时效期间重新计算。之所以规定重新计算，而不规定继续计算，主要是防止有的当事人借时效中断的规定而故意拖延仲裁的时间。

29 劳动争议仲裁时效中止的条件是怎样的？

《劳动争议调解仲裁法》规定引起劳动争议案件时效中止的情形有两种：

（1）不可抗力。这主要是指因非人力因素所能干预的事件的发生引起劳动争议案件的时效一时难以计算，如洪水、地震等。

（2）其他正当理由。这种正当理由要为劳动争议仲裁委员会或仲裁庭认可。《民事诉讼法》规定的中止诉讼的六种情形即是法定正当理由。这六种情形是：一方当事人死亡，需要等待继承人表明是否参加诉讼的；一方当事人丧失诉讼行为能力，尚未确定法定代理人的；作为一方当事人的法人或者其他组织终止，尚未确定权利义务承受人的；一方当事人因不可抗拒的事由，不能参加诉讼的；本案必须以另一案的审理结果为依据，而另一案尚未审结的；其他应当中止诉讼的情形。

30 劳动报酬争议在申请仲裁超过时效时能否不再支付?

《劳动争议调解仲裁法》规定，劳动关系存续期间因拖欠劳动报酬发生争议的，劳动者申请仲裁不受规定的仲裁时效期间的限制；但是，劳动关系终止的，应当自劳动关系终止之日起一年内提出。

根据规定，劳动关系存续期间因拖欠或者未足额支付劳动报酬发生争议的，劳动者申请仲裁不受一年仲裁时效期间的限制。劳动者申请仲裁不受一年时效期间限制的前提条件是“劳动关系存续期间”，即只要在劳动关系存续期间，劳动者继续在同一个用人单位工作，没有离开该用人单位，劳动者就有权就拖欠或未足额支付的劳动报酬申请仲裁。

31 劳动者申请劳动争议仲裁需要具备哪些条件?

根据法律规定，当事人申请劳动争议仲裁，必须满足一定条件，劳动争议仲裁委员会才能受理：

(1) 申请人必须是劳动争议的一方当事人。首先，申请人必须是劳动关系的一方，是劳动者或是用人单位；

其次，申请人应当与本案具有直接利害关系，即一旦权利被侵害，根据法律规定能够提起申请的主体。

（2）申请劳动争议仲裁的争议必须是劳动争议，即劳动关系双方当事人因劳动权利和义务发生的争议。

（3）申请仲裁的劳动争议必须属于劳动争议仲裁委员会依法受理的范围，即《劳动争议调解仲裁法》第二条规定的适用范围。

（4）申请人必须向有管辖权的劳动争议仲裁委员会提出仲裁申请。仲裁管辖实行地域管辖原则，申请人只能向本辖区的劳动争议仲裁委员会提出申请。双方当事人分别向劳动合同履行地和用人单位所在地的劳动争议仲裁委员会申请仲裁的，由劳动合同履行地的劳动争议仲裁委员会管辖。

（5）有明确的被申请人。仲裁的要求是有明确的被申请人，“明确”的标准是提供用人单位的名称、住所和法定代表人或者主要负责人的姓名、职务，只要明确即可。通常情形下，实体法律关系的双方，即建立劳动关系的劳动者和用人单位，就是仲裁的申请人和被申请人。

32 劳动者申请劳动争议仲裁的形式有哪些?

《劳动争议调解仲裁法》第二十八条第一款规定:“申请人申请仲裁应当提交书面仲裁申请，并按照被申请人人数提交副本。”同时，第三款规定：“书写仲裁申请确有困难的，可以口头申请，由劳动争议仲裁委员会记入笔录，并告知对方当事人。”这些规定明确劳动争议仲裁申请形式，一般情况下应当以书面形式申请，特殊情况下也可以口头形式申请。仲裁申请书的内容包括以下三个方面：

（1）劳动者的姓名、性别、年龄、职业、工作单位和住所，用人单位的名称、住所和法定代表人或者主要负责人的姓名、职务。

（2）仲裁请求和所根据的事实、理由。

（3）证据和证据来源、证人姓名和住所。

除此之外，《劳动争议调解仲裁法》第二十四条规定：“当事人可以委托代理人参加仲裁活动。委托他人参加仲裁活动，应当向劳动争议仲裁委员会提交有委托人签名或者盖章的委托书，委托书应当载明委托事项和权限。”因此，如果当事人委托了代理人代为参加诉讼，还应当提交载明了受委托人、委托事项和委托权限的授权委托书。

33 劳动争议仲裁委员会受理案件的程序是怎样的？

劳动争议仲裁委员会自收到仲裁申请之日起五日内，

通过审查，认为符合受理条件的，应当受理，并通知申请人；认为不符合受理条件的，应当书面通知申请人不予受理，并说明理由。换言之，不论当事人提起的劳动争议是否符合条件，劳动争议仲裁委员会是否受理，都应当在收到仲裁申请的五日内给予申请人以书面答复。如果不符合受理条件，劳动争议仲裁委员会不予受理，同时还应向申请人说明理由。对劳动争议仲裁委员会不予受理或者逾期未作出决定的，申请人可以就该劳动争议事项向人民法院提起诉讼。对申请材料不齐备和有关情况不明确的，劳动争议仲裁委员会应指导申请人补齐；主要证据不齐的，要求申请人补齐。对于申请人不符合受理条件的情况应当一次性告知。

34 什么是劳动争议仲裁开庭审理?

劳动争议仲裁开庭审理是指劳动争议仲裁委员会在劳动争议案件当事人参加的情况下，依照法定的形式和程序，对劳动争议案件进行仲裁的一系列活动。

开庭审理的主要任务是：通过仲裁庭的调查和辩论，审查核实证据，查明案件事实，分清是非责任，正确适用法律，确认当事人之间的权利义务关系，保护当事人的合法权益。开庭审理程序是劳动争议仲裁中最为重要、最为核心的环节，劳动争议能否成功顺利解决，主要看开庭审理能否实现其目的。

劳动争议仲裁开庭审理的具体程序包括以下几个阶段：开庭准备阶段、调查阶段、辩论阶段、评议和作出裁决阶段。

35 劳动争议仲裁开庭前要做哪些准备？

根据《劳动争议调解仲裁法》的规定，在裁决审理的准备阶段，仲裁庭应当完成以下几项工作：

（1）仲裁庭应当在开庭五日前，将开庭日期、地点书面通知双方当事人。当事人有正当理由的，可以在开庭三日前请求延期开庭。是否延期，由劳动争议仲裁委员会决定。

（2）公开审理的案件，应当告知当事人姓名、案由和开庭的时间。

（3）查明当事人及其他诉讼参与人是否到庭，宣布仲裁庭纪律。

36 什么是仲裁员的回避制度？

劳动争议仲裁中的回避制度是指劳动争议仲裁员在劳动争议案件审理时，遇有法律规定的情形，应退出案件的审理，当事人及其代理人也有权要求更换上述人员的制度。为了保证劳动争议仲裁的公正性，《劳动争议调解仲裁法》规定了回避制度，根据该法第三十三条第二款的规定，适用回避的法定原因有以下几种：

（1）仲裁员是本案当事人或者当事人、代理人的近亲属的。根据《中华人民共和国民法典》规定，配偶、父母、子女、兄弟姐妹、祖父母、外祖父母、孙子女、外孙子女为近亲属。当事人或者代理人的其他亲属，如关系密切的，可能会影响案件公正审理的，亦应回避。

（2）仲裁员与本案有利害关系的。指案件的处理结果会涉及仲裁员自身的利益，可能会使其利益受损或者得到好处。

（3）仲裁员与本案当事人、代理人有其他关系，可能影响公正裁决的。所谓其他关系，是指上述两种关系之外的足以影响案件公正审理的某种特殊关系，如师生、同学、同事关系等。

（4）私自会见当事人、代理人，或者接受当事人、代理人的请客送礼的。在这种情形下，劳动争议仲裁员要回避。对有索贿受贿、徇私舞弊、枉法裁决行为的仲裁员，应当依法追究法律责任。劳动争议仲裁委员会应当将其解聘。

适用回避制度的对象是劳动争议仲裁员，因为在劳动争议仲裁中只有劳动争议仲裁员才是具体案件的裁决人。

回避的方式有两种：一种是申请回避，即当事人认为仲裁员具有法定回避原因之一时，可以用口头或者书面形式申请回避。这是基于当事人自己的权利提出的回避。另一种是自行回避，即承办具体案件的劳动争议仲裁员如果发现自己有法定回避原因时，应主动提出回避。

劳动争议仲裁庭在接到当事人的回避申请后，应及时作出决定，并以口头或者书面方式通知当事人。

37 仲裁员不得从事哪些行为？

仲裁员不得有下列行为：

（1）徇情枉法，偏袒一方当事人；

（2）滥用职权，侵犯当事人合法权益；

（3）利用职权为自己或者他人谋取私利；

（4）隐瞒证据或者伪造证据；

（5）私自会见当事人及其代理人，接受当事人及其代理人的请客送礼；

（6）故意拖延办案、玩忽职守；

（7）擅自对外透露案件处理情况；

（8）在任职期间担任仲裁案件的代理人；

（9）其他违法乱纪的行为。

仲裁员有上述规定情形的，仲裁委员会视情节轻重，给予批评教育、解聘等处理；仲裁员所在单位也可以根据国家有关规定给予处分；构成犯罪的，依法追究刑事责任。

38 仲裁庭对需要鉴定的专门性问题如何处理?

劳动争议仲裁庭涉及的专门性问题，一般是指仲裁庭难以对其作出正确认定而需要鉴定机构对之经过鉴定才能确定的问题。比如，一方当事人认为对方当事人提供的书面材料为假、笔迹材料是模仿的或提供的图片是合成的等。

仲裁庭对专门性问题认为需要鉴定的，可以交由当事人约定的鉴定机构鉴定；当事人没有约定或者无法达成约定的，由仲裁庭指定的鉴定机构鉴定。

根据当事人的请求或者仲裁庭的要求，鉴定机构应当派鉴定人参加开庭。当事人经仲裁庭许可，可以向鉴定人提问。

在接到当事人或者仲裁庭的鉴定要求时，鉴定机构及其指定的鉴定人有权了解要求进行鉴定的专门性问题所需要的案件材料，必要时可以询问当事人、证人。鉴定机构和鉴定人应当提出书面鉴定结论，在鉴定书上签名或者盖章。

39 当事人提供的证明材料能否作为认定事实的根据？

当事人提供的证据经查证属实的，仲裁庭应当将其作为认定事实的根据。

当事人对自己提出的主张，有责任提供相应的证据。当事人提供的证明材料中，有的是虚假的，有的是伪造的，有的是记忆错误造成的，这就需要仲裁庭对当事人提供的证明材料进行查证。只有经查证属实的，仲裁庭才能将其作为认定案件事实的根据。若经查证是虚假或伪造的，则不予采用。

在劳动关系中，除了劳动者能够持有一份劳动合同外，其他大多数有关劳动关系的材料和数据都由用人单位保管。发生劳动争议后，为了保证与劳动争议有关的原始数据和材料能够用于案件的仲裁，对于劳动者无法提供由用人单位掌握管理的与仲裁请求有关的证据，仲裁庭可以要求用人单位在指定期限内提供。当用人单位在仲裁庭指定的期限内不能提供或拒绝提供时，就应当承担相应的法律责任，承担案件仲裁的不利后果。

40 什么是仲裁调解，它与劳动争议调解阶段的调解有什么区别?

根据《劳动争议调解仲裁法》第四十二条“仲裁庭在作出裁决前，应当先行调解”的规定，仲裁调解是仲裁裁决作出之前的必经程序，裁决之前必须进行调解。劳动争议仲裁的调解不同于劳动争议调解阶段的调解，两者有以下区别:

（1）性质不同。劳动争议仲裁程序前的调解，是指企业劳动争议调解委员会、依法设立的基层人民调解组织、在乡镇街道设立的具有劳动争议调解职能的组织对劳动争议进行的调解，是群众性调解，不是法定的处理争议的必经程序，也不具有法律上的强制力，完全依靠劳动争议当事人的自觉、自愿达成协议并履行协议，不能强制。因此，劳动争议调解达成的协议称为调解协议书，而劳动争议仲裁程序中达成调解协议制作的调解书属于劳动争议裁决的范畴，具有法律强制执行力。

（2）所属阶段不同。劳动争议调解阶段的调解在劳动争议仲裁程序之前进行，而劳动争议仲裁调解是在劳动争议仲裁阶段进行的调解。前者并非法定的阶段，后者属于法定的阶段。法律规定，在进行劳动争议诉讼的时候，必须先进行劳动争议仲裁。

（3）是否影响当事人的实体权利。劳动争议调解达成调解协议与否都不影响当事人申请仲裁的权利，仲裁程序中的调解则不同。劳动争议仲裁委员会受理劳动争议案件后，应先行调解，在仲裁程序中达成调解协议应制作调解书。调解书一经送达即产生法律效力，其效力与仲裁裁决相同，当事人可以申请法院强制执行。劳动争议双方当事人一经达成调解协议并签收调解书，争议的处理程序即告终止，任何一方当事人反悔提起诉讼的，人民法院不予受理。

41 什么是劳动争议仲裁调解书，其制作要求是怎样的?

劳动争议仲裁调解书是指劳动争议仲裁委员会制作的，用来记明劳动争议当事人自愿达成的解决劳动争议协议的法律文书。

制作劳动争议仲裁调解书的要求是：

（1）调解应是在自愿、合法的前提下，经调解争取双方达成和解，从而结束争议。

（2）制作劳动争议仲裁调解书必须以当事人达成的调解协议为前提。当事人达成调解协议，必须贯彻自愿、合法的原则。所谓自愿，是指当事人达成调解协议是其真实意思表示，而非基于欺诈、胁迫或乘人之危而为。

所谓合法，是指当事人达成的调解协议的内容必须符合国家法律的规定，并不得违反社会公德和社会公共秩序。

（3）仲裁庭处理劳动争议进行调解，应在查明事实、分清责任的基础上进行。

（4）经仲裁庭调解达成调解协议的，仲裁庭应当根据调解协议的内容制作调解书，调解书自送达之日起发生法律效力，如果当事人不履行调解书约定的义务，可以基于调解书申请人民法院强制执行。

（5）调解未达成协议或者调解书送达前当事人反悔的，仲裁庭应当及时裁决。

（6）劳动争议仲裁调解书中应当载明下列内容：

①载明当事人姓名、地址、性别、年龄、职务、工作单位；当事人是单位的，写明单位的全称、地址、法定代表人（或主要负责人）的姓名、职务；有委托代理人的，还应写明委托代理人的姓名、工作单位、职务。

②申诉理由及请求事项：主要写明申诉书和答辩书中关于申诉理由、请求事项及答辩理由、请求事项的内容。这一部分要写得简明、扼要、突出重点，主要反映双方当事人争执的焦点所在，同时要写明有关证据。

③调解协议的内容：这一部分主要是依据双方达成的调解协议填写。这一部分要写得具体、详尽，以免发生争执和歧义，致使将来无法履行。

（7）劳动争议仲裁调解书须加盖仲裁委员会的公章。

调解书一式三份，由申诉人、被诉人、仲裁委员会各存一份。

42 什么是劳动争议仲裁裁决?

劳动争议仲裁裁决是指仲裁庭经过审理后对当事人之间的劳动争议案件的实体问题依法作出的具有法律效力的结论性判定。劳动争议仲裁裁决与判决不同之处在于，仲裁裁决是劳动争议仲裁委员会作出的，而判决则是人民法院依法作出的。另外，人民法院有权依法撤销劳动争议仲裁委员会作出的仲裁裁决。但无论是仲裁裁决还是法院判决最终都要由人民法院来执行。

仲裁庭在作出裁决后应及时制作裁决书，仲裁裁决书应写明以下内容：

(1) 申诉人和被诉人的姓名、性别、年龄、民族、职业、工作单位和住址，单位名称、地址及其法定代表人（或负责人）的姓名、职务；

(2) 申诉的理由、争议的事实和要求；

(3) 裁决书认定的事实、理由和适用的法律、法规；

(4) 不服裁决向人民法院起诉的期限。

仲裁调解书（调解协议）可参考仲裁裁决书的格式制作。仲裁裁决书（仲裁调解书、调解协议）由仲裁员署名，对裁决持不同意见的仲裁员，可以签名，也可以不签名。仲裁裁决书要加盖劳动争议仲裁委员会印章，送达双方当事人。仲裁庭当庭裁决的，应当自裁决作出之日起 7 日内发送裁决书；定期开庭裁决的，当庭发给裁决书。

43 劳动争议一裁终局制度适用于哪些情形？

《劳动争议调解仲裁法》根据提高劳动争议案件的解决效率，降低劳动争议当事人的维权成本这一指导思想，对不同情况下劳动争议仲裁裁决的效力作了不同的规定。

根据《劳动争议调解仲裁法》第四十七条的规定，对部分案件作出仲裁裁决后，如果劳动者没有提起诉讼和用人单位没有申请撤销仲裁裁决，裁决即发生法律效力。这包括两类案件：（1）追索劳动报酬、工伤医疗费、经济补偿或者赔偿金，不超过当地月最低工资标准十二个月金额的争议。（2）因执行国家的劳动标准在工作时间、休息休假、社会保险等方面发生的争议。

44 哪些条件的劳动争议仲裁裁决不具有终局效力？

《劳动争议调解仲裁法》对特殊情况下的劳动争议案

件，劳动争议仲裁裁决并不具有终局效力，当事人可以依法向人民法院起诉，包括以下三种情形：

（1）劳动者对仲裁裁决不服的，即只要劳动者对仲裁裁决不服，不管是何种类型的劳动争议，即使是《劳动争议调解仲裁法》第四十七条规定的劳动争议案件，劳动者也可在收到裁决书之日起十五日内向人民法院起诉，那么该裁决就失去法律效力。

（2）用人单位在符合《劳动争议调解仲裁法》第四十九条的规定时，即可自收到仲裁裁决书之日起三十日内向劳动争议仲裁委员会所在地的中级人民法院申请撤销裁决。

（3）当事人对《劳动争议调解仲裁法》第四十七条规定之外的其他劳动争议案件的仲裁裁决不服的，可以自收到仲裁裁决书之日起十五日内向人民法院提起诉讼；期满不起诉的，裁决书发生法律效力。

45 什么是先予执行?

先予执行是指劳动争议仲裁委员会在对追索劳动报酬、工伤医疗费、经济补偿或者赔偿金等劳动争议案件作出终结裁决之前，根据劳动者的申请，作出要求用人单位预先支付劳动报酬、工伤医疗费、经济补偿或者赔偿金的裁决。《劳动争议调解仲裁法》在第四十四条规定了先予执行制度。

（1）先予执行的适用范围。劳动争议仲裁案件中的先予执行有严格的执行范围，即对追索劳动报酬、工伤医疗费、经济补偿或者赔偿金的案件才可以裁决先予执行，对于其他类型的劳动争议案件则不能裁决先予执行。

（2）先予执行的条件。由于先予执行之时，双方当事人之间的权利义务仍然不明确，为避免损害被申请人的利益，劳动争议仲裁庭在作出仲裁裁决时必须满足《劳动争议调解仲裁法》第四十四条规定的基本条件：

①当事人之间事实基本清楚、权利义务关系明确。先予执行的案件，应当是在发生争议的劳动关系中，双方当事人之间各自应享有什么样的权利、承担什么样的具体义务都是十分清楚的。例如，按照劳动合同的约定，用人单位应当每月支付劳动者工资三千元，但是连续三个月未向劳动者支付工资。在这种情况下，基本事实以及权利义务关系是明确的。

②具有先予执行的迫切需要。即对申请人来说具有紧迫性，若不先予执行，便会严重影响申请人的生活或生产经营，使申请人的生活无法维持。

③当事人提出申请。是否具有紧迫性，当事人最清楚，因此，应当由当事人来决定是否申请先予执行。仲裁庭只有在当事人提出申请的情况下，才能裁决先予执行，而不能主动裁决先予执行。

（3）先予执行的担保。先予执行是对于当事人权利义务关系比较明确的案件，劳动争议仲裁庭在作出裁决前，预先实现申请人的权利。由于先予执行的裁定不是劳动争议仲裁庭对该案的最终裁决，所以，在某些情况下，会发生先予执行裁定的内容与将来的裁决结果或者法院的判决结果不一致的情况。为了既能够达到满足申请人生活的目的，又能保证被申请人的合法正当权利，应当由申请人提供担保。但是，劳动者申请先予执行的，可以不提供担保。

46 仲裁申请可以撤回吗？什么情形可以撤回呢？

仲裁申请是可以撤回的。劳动仲裁申请提交之后，劳动争议的问题可能会随着时间发生一些变化，因此劳动仲裁中就有了比较常见的一种情形："撤回申请"。

所谓撤回仲裁申请是指仲裁委员会受理当事人提出的仲裁申请后，在仲裁庭作出仲裁裁决之前，仲裁申请人撤回自己的仲裁申请，不再请求仲裁庭对该争议案件进行审理并作出仲裁裁决的行为。包括两种情形：第一种是申请撤回仲裁申请，即仲裁委员会受理仲裁申请后，仲裁申请人主动撤回仲裁申请的情形。如《劳动争议调解仲裁法》第四十一条规定："当事人申请劳动争议仲裁后，可以自行和解。达成和解协议的，可以撤回仲裁申请。”第二种情形是按撤回仲裁申请处理，即仲裁委员会受理仲裁申请后，基于仲裁申请人的某种行为，仲裁庭推定其有撤回仲裁申请的意思，从而视为撤回仲裁申请的情形，包括申请人无正当理由拒不到庭、申请人在仲裁庭开庭审理时，未经仲裁庭的同意中途退庭。如《劳动争议调解仲裁法》第三十六条规定：“申请人收到书面通知，无正当理由拒不到庭或者未经仲裁庭同意中途退庭的，可以视为撤回仲裁申请。被申请人收到书面通知，无正当理由拒不到庭或者未经仲裁庭同意中途退庭的，可以缺席裁决。”

47 什么是缺席裁决？

缺席裁决是指某一方当事人无故拒不到庭或者未经仲裁庭同意中途退庭的，仲裁庭经依法审理后所作出的裁决。

缺席裁决可以在两种情况下采用。第一种情况是当事人无正当理由拒不到庭参加仲裁的。仲裁庭应当于开庭的五日前，将开庭时间、地点的书面通知送达当事人。这里所指送达，包括受送达人下落不明时的公告送达方式。送达通知后，当事人应按时到庭，否则无正当理由不到庭时，对申诉人按照撤诉处理，对被诉人则可以缺席裁决。须注意的是，只需经一次通知，被诉人无正当理由拒不到庭时，即可缺席裁决。当然，如果被诉人有正当理由不到庭的，仲裁庭则不能缺席裁决，而应延期审理。什么情形可以认定为有正当理由，法规没有明确规定，仲裁庭可根据案件具体情况进行认定。第二种情况是被诉人在开庭时未经仲裁庭同意中途退庭的，仲裁庭可以缺席裁决。经仲裁庭同意而中途退庭的，不能缺席裁决，而应延期审理。当然，要使仲裁庭同意中途退庭，被诉人也必须具有正当理由。仲裁庭有权认定中途退庭是否正当和必要，据此决定应否缺席裁决。

48 劳动争议仲裁期限是多长?

劳动争议仲裁期限是劳动争议仲裁委员会办理劳动争议案件的法定时间限制。规定仲裁期限的目的是促使劳动争议仲裁委员会及时审结劳动争议案件，节省仲裁成本，提高仲裁效率。

《劳动争议调解仲裁法》第四十三条规定："仲裁庭裁决劳动争议案件，应当自劳动争议仲裁委员会受理仲裁申请之日起四十五日内结束。案情复杂需要延期的，经劳动争议仲裁委员会主任批准，可以延期并书面通知当事人，但是延长期限不得超过十五日。逾期未作出仲裁裁决的，当事人可以就该劳动争议事项向人民法院提起诉讼。”

（1）仲裁期限的起算点。本条规定的是从劳动争议仲裁委员会受理劳动争议当事人的仲裁申请之日起开始算起。

（2）仲裁期限。本条规定的仲裁期限是自受理仲裁申请之日起四十五日内结束，延长期限不得超过十五日，那么最长的仲裁期限不会超过六十日。

（3）逾期不裁决的后果。依据本条，仲裁庭逾期不作出裁决的，当事人可以直接向人民法院提起诉讼。

49 当事人不服劳动争议仲裁委员会裁决，是否可以依法向人民法院起诉？

根据《最高人民法院关于审理劳动争议案件适用法律若干问题的解释（一）》的规定，劳动者与用人单位之间发生的下列纠纷，属于劳动争议，当事人不服劳动争议仲裁机构作出的裁决，依法提起诉讼的，人民法院应予受理：

（1）劳动者与用人单位在履行劳动合同过程中发生的纠纷；

（2）劳动者与用人单位之间没有订立书面劳动合同，但已形成劳动关系后发生的纠纷；

（3）劳动者与用人单位因劳动关系是否已经解除或

者终止，以及应否支付解除或者终止劳动关系经济补偿金发生的纠纷；

（4）劳动者与用人单位解除或者终止劳动关系后，请求用人单位返还其收取的劳动合同定金、保证金、抵押金、抵押物发生的纠纷，或者办理劳动者的人事档案、社会保险关系等移转手续发生的纠纷；

（5）劳动者以用人单位未为其办理社会保险手续，且社会保险经办机构不能补办导致其无法享受社会保险待遇为由，要求用人单位赔偿损失发生的纠纷；

（6）劳动者退休后，与尚未参加社会保险统筹的原用人单位因追索养老金、医疗费、工伤保险待遇和其他社会保险待遇而发生的纠纷；

（7）劳动者因为工伤、职业病，请求用人单位依法给予工伤保险待遇发生的纠纷；

（8）劳动者依据《劳动合同法》第八十五条规定，要求用人单位支付加付赔偿金发生的纠纷；

（9）因企业自主进行改制发生的纠纷。

50 劳动争议仲裁费用怎样收取?

《劳动争议调解仲裁法》颁布之前，劳动争议当事人申请仲裁，需按照国家有关规定缴纳仲裁费，其中包括案件受理费和案件处理费。《劳动争议调解仲裁法》实施后，取消了当事人缴纳仲裁费的规定，劳动争议仲裁不再收费，劳动争议仲裁委员会的经费由财政予以保障。这一规定大大减轻了争议当事人尤其是劳动者的负担，降低了劳动者的维权成本。

附　录

工会参与劳动争议处理试行办法

（总工发〔1995〕12号　1995年8月17日）

第一章　总　　则

第一条　为指导工会参与处理劳动争议，维护劳动者合法权益，协调劳动关系，促进企业发展，根据《中华人民共和国工会法》、《中华人民共和国劳动法》和《中华人民共和国企业劳动争议处理条例》，制定本办法。

第二条　本办法适用于工会参与处理下列劳动争议：

（一）因用人单位开除、除名、辞退劳动者和劳动者辞职、自动离职发生的争议；

（二）因履行、变更、解除劳动合同发生的争议；

（三）因签订或履行集体合同发生的争议；

（四）因执行国家有关工作时间和休息休假、工资、劳动安全卫生、女职工和未成年工特殊保护、职业培训、社会保险和福利的规定发生的争议；

（五）法律、法规规定的其他劳动争议。

第三条　工会参与处理劳动争议应当遵循下列原则：

（一）依据事实和法律，及时公正处理；

（二）当事人在适用法律上一律平等；

（三）预防为主、基层为主、调解为主；

（四）尊重当事人申请仲裁和诉讼的权利；

（五）坚持劳动争议处理的三方原则。

第四条 工会依法参加劳动争议协商、调解、仲裁工作。

劳动者因劳动权益受到侵犯向人民法院起诉的，工会应当给予支持和帮助。

第五条 参加劳动争议调解、仲裁工作的工会代表应当遵纪守法、公正廉洁，不得滥用职权、徇私舞弊、收受贿赂、泄露秘密和个人隐私。

第二章 参与劳动争议协商

第六条 劳动争议协商是指劳动争议双方当事人就协调劳动关系、解决劳动争议进行商谈的行为。

第七条 发生劳动争议，工会可以接受劳动者及用人单位请求参与协商，促进争议解决。

第八条 工会发现劳动争议，应主动参与协商，及时化解矛盾。

第九条 劳动争议双方当事人经协商达成协议的，工会应当督促其自觉履行。

第十条 劳动争议双方当事人不愿协商或协商不成的，工会可以告知当事人依法申请调解或仲裁。

第三章　主持劳动争议调解

第十一条　工会应当督促、帮助用人单位依法建立劳动争议调解委员会。

劳动争议调解委员会由劳动者代表、用人单位代表和工会代表组成。职工代表和工会代表的人数不得少于调解委员会成员总数的2/3；女职工人数较多的单位，调解委员会成员中应当有女职工代表。

工会代表担任劳动争议调解委员会主任，主持劳动争议调解委员会工作。

劳动争议调解委员会的办事机构设在用人单位工会。

第十二条　调解委员会主任的职责：

（一）对劳动争议调解委员会无法决定是否受理的调解申请，决定是否受理；

（二）决定调解委员的回避；

（三）及时指派调解委员调解简单劳动争议；

（四）主持调解委员会会议，确定调解方案；

（五）召集有调解委员、劳动争议双方当事人参加的调解会议，依法主持调解。

第十三条　工会代表担任劳动争议调解委员的职责：

（一）依法调解本单位劳动争议；

（二）保证当事人实现自愿调解、申请回避和申请仲裁的权利；

（三）自争议发生之日起３０日内结束调解，到期未结束的视为调解不成，告知当事人可以申请仲裁；

（四）督促劳动争议双方当事人履行调解协议；

（五）及时做好调解文书及案卷的整理归档工作；

（六）做好劳动争议预防工作。

第十四条 工会应当做好劳动争议调解委员、劳动争议调解员的培训工作，提高劳动争议调解委员会调解的法律水平和工作能力。

第十五条 劳动争议调解委员调离本单位或需要调整时，由原推选单位或组织在30日内依法推举或指定人员补齐。调解委员调离或调整超过半数以上的，应按规定程序重新组建。

第十六条 上级工会指导下级工会的劳动争议调解工作。

劳动争议调解委员会接受劳动争议仲裁委员会的业务指导。

第十七条 工会可以在城镇和乡镇企业集中的地方设立区域性劳动争议调解指导委员会。区域性劳动争议调解指导委员会可以邀请劳动行政部门的代表和社会有关人士参加。

区域性劳动争议调解指导委员会名单报上级地方总工会和劳动争议仲裁委员会备案。

第十八条 区域性劳动争议调解指导委员会指导本区域内劳动争议调解委员会的调解工作，并调解未设调解组织的用人单位的劳动争议。

第四章 参加劳动争议仲裁

第十九条 劳动争议仲裁委员会中工会代表的职责：

（一）担任劳动争议仲裁委员会副主任和委员，参与处理本委员会管辖范围内的劳动争议案件；

（二）按时参加仲裁委员会会议，遇特殊情况不能到会的，应出具委托书，委托本组织其他人员出席会议；

（三）对仲裁裁决意见依法行使表决权；

（四）参与研究处理有重大影响的案件和仲裁庭提交的重大疑难案件，参与审查、批准案情复杂，需要延期处理的案件；

（五）对应当受理未予受理的案件，有权提请仲裁委员会依法受理；

（六）对已经发生法律效力的仲裁裁决发现确有错误、需要重新处理的，应当要求仲裁委员会主任提交仲裁委员会重新处理；

（七）对受理的集体劳动争议及本地区有影响的个人劳动争议案件，及时向本级及上级工会书面报告。

第二十条 工会工作者依法取得仲裁员资格，由劳动争议仲裁委员会聘为兼职仲裁员的，所在单位应支持其参加劳动争议仲裁活动。

第二十一条 工会工作者担任兼职仲裁员，在执行仲裁公务时与专职仲裁员享有同等权利。

第二十二条 工会工作者担任兼职仲裁员，应当认真履行《劳动争议仲裁委员会组织规则》规定的仲裁员职责。

第五章 代理劳动者参与诉讼

第二十三条 县和县以上各级工会组织可以建立法律咨询服务

机构，为保护劳动者和工会组织的合法权益提供服务。

第二十四条 工会法律服务机构可以接受劳动者当事人的委托，代理劳动者参与劳动争议诉讼。

工会法律服务机构接受劳动者当事人的代理申请后，应当指派代理人，指派的代理人应征得委托人同意。

第二十五条 工会法律服务机构代理劳动者参与诉讼，应当由委托人向仲裁委员会或人民法院提交由委托人签名或盖章的授权委托书。

第六章 参与处理集体劳动争议

第二十六条 发生集体劳动争议，用人单位工会应当及时向上级工会报告，依法参与处理。

工会参与处理集体劳动争议，应积极反映劳动者的正当要求，维护劳动者合法权益。

第二十七条 因集体劳动争议导致停工、怠工的，工会应当及时与有关方面协商解决，协商不成的，按集体劳动争议处理程序解决。

第二十八条 因签订和履行集体合同发生争议，用人单位工会可以就解决争议问题与用人单位平等协商。

第二十九条 因签订集体合同发生争议，当事人双方协商解决不成的，用人单位工会应当提请上级工会协同政府劳动行政部门协调处理。

第三十条 因履行集体合同发生争议，当事人双方协商解决不成的，可以向劳动争议仲裁委员会申请仲裁；对仲裁裁决不服的，可以自收到仲裁裁决书之日起１５日内向人民法院提起诉讼。上级工会依法律法规的规定及本办法参与处理。

人事争议处理规定

（人社部发〔2011〕88号　2011年8月15日）

第一章　总　　则

第一条　为公正及时地处理人事争议，保护当事人的合法权益，根据《中华人民共和国公务员法》、《中国人民解放军文职人员条例》等有关法律法规，制定本规定。

第二条　本规定适用于下列人事争议：

（一）实施公务员法的机关与聘任制公务员之间、参照《中华人民共和国公务员法》管理的机关（单位）与聘任工作人员之间因履行聘任合同发生的争议。

（二）事业单位与工作人员之间因解除人事关系、履行聘用合同发生的争议。

（三）社团组织与工作人员之间因解除人事关系、履行聘用合同发生的争议。

（四）军队聘用单位与文职人员之间因履行聘用合同发生的

争议。

（五）依照法律、法规规定可以仲裁的其他人事争议。

第三条 人事争议发生后，当事人可以协商解决；不愿协商或者协商不成的，可以向主管部门申请调解，其中军队聘用单位与文职人员的人事争议，可以向聘用单位的上一级单位申请调解；不愿调解或调解不成的，可以向人事争议仲裁委员会申请仲裁。当事人也可以直接向人事争议仲裁委员会申请仲裁。当事人对仲裁裁决不服的，可以向人民法院提起诉讼。

第四条 当事人在人事争议处理中的地位平等，适用法律、法规平等。

当事人有使用本民族语言文字申请仲裁的权利。人事争议仲裁委员会对于不熟悉当地通用语言文字的当事人，应当为他们翻译。

第五条 处理人事争议，应当注重调解，遵循合法、公正、及时的原则，以事实为依据，以法律为准绳。

第二章 组织机构

第六条 省（自治区、直辖市）、副省级市、地（市、州、盟）、县（市、区、旗）设立人事争议仲裁委员会。

人事争议仲裁委员会独立办案，相互之间无隶属关系。

第七条 人事争议仲裁委员会由公务员主管部门代表、聘任（用）单位代表、工会组织代表、受聘人员代表以及人事、法律专家组成。人事争议仲裁委员会组成人员应当是单数，设主任一名、副主任二至四名、委员若干名。

同级人民政府分管人事工作的负责人或者政府人事行政部门的主要负责人任人事争议仲裁委员会主任。

第八条 人事争议仲裁委员会实行少数服从多数原则，不同意见应如实记录。

第九条 人事争议仲裁委员会的职责是：

（一）负责处理管辖范围内的人事争议。

（二）决定仲裁员的聘任和解聘。

（三）法律、法规规定由人事争议仲裁委员会承担的其他职责。

第十条 人事争议仲裁委员会下设办事机构，其职责是：负责人事争议案件的受理、仲裁文书送达、档案管理以及仲裁员的考核、培训等日常工作，办理人事争议仲裁委员会授权的其他事宜。办事机构设在同级人民政府人事部门。

第十一条 人事争议仲裁委员会处理人事争议案件实行仲裁庭制度，仲裁庭是人事争议仲裁委员会处理人事争议案件的基本形式。仲裁庭一般由三名仲裁员组成。人事争议仲裁委员会指定一名仲裁员担任首席仲裁员，主持仲裁庭工作；另两名仲裁员可由双方当事人各选定一名，也可由人事争议仲裁委员会指定。简单的人事争议案件，经双方当事人同意，人事争议仲裁委员会可以指定一名仲裁员独任处理。

第十二条 人事争议仲裁委员会可以聘任有关部门的工作人员、专家学者和律师为专职或兼职仲裁员。仲裁员的职责是：受人事争议仲裁委员会的委托或当事人的选择，负责人事争议案件的具体处理工作。

兼职仲裁员与专职仲裁员在仲裁活动中享有同等权利。

兼职仲裁员进行仲裁活动时，所在单位应当给予支持。

第三章 管 辖

第十三条 中央机关、直属机构、直属事业单位及其在京所属单位的人事争议由北京市负责处理人事争议的仲裁机构处理，也可由北京市根据情况授权所在地的区（县）负责处理人事争议的仲裁机构处理。

中央机关在京外垂直管理机构以及中央机关、直属机构、直属事业单位在京外所属单位的人事争议，由所在地的省（自治区、直辖市）设立的人事争议仲裁委员会处理，也可由省（自治区、直辖市）根据情况授权所在地的人事争议仲裁委员会处理。

第十四条 省（自治区、直辖市）、副省级市、地（市、州、盟）、县（市、区、旗）人事争议仲裁委员会的管辖范围，由省（自治区、直辖市）确定。

第十五条 军队聘用单位与文职人员的人事争议，一般由聘用单位所在地的县（市、区、旗）人事争议仲裁委员会处理，其中师级聘用单位与文职人员的人事争议，由所在地的地（市、州、盟）、副省级市人事争议仲裁委员会处理，军级以上聘用单位与文职人员的人事争议由所在地的省（自治区、直辖市）人事争议仲裁委员会处理。

第四章　仲　　裁

第十六条　当事人从知道或应当知道其权利受到侵害之日起六十日内，以书面形式向有管辖权的人事争议仲裁委员会申请仲裁。

当事人因不可抗力或者有其他正当理由超过申请仲裁时效，经人事争议仲裁委员会调查确认的，人事争议仲裁委员会应当受理。

第十七条　当事人向人事争议仲裁委员会申请仲裁，应当提交仲裁申请书，并按被申请人人数递交副本。

仲裁申请书应当载明下列事项：

（一）申请人和被申请人姓名、性别、年龄、职业及职务、工作单位、住所和联系方式。申请人或被申请人是单位的，应写明单位的名称、住所、法定代表人或者主要负责人的姓名、职务和联系方式。

（二）仲裁请求和所依据的事实、理由。

（三）证据和证据来源、证人姓名和住所。

发生人事争议的一方在五人以上，并且有共同的仲裁请求和理由的，可以推举一至两名代表参加仲裁活动。代表人放弃、变更仲裁请求或者承认对方的仲裁请求，进行和解，必须经过被代表的当事人同意。

第十八条　人事争议仲裁委员会在收到仲裁申请书之日起十个工作日内，认为不符合受理条件的，应当书面通知申请人不予受理，并说明理由；认为符合受理条件的，应当受理，将受理通知书送达申请人，将仲裁申请书副本送达被申请人。

第十九条 被申请人应当在收到仲裁申请书副本之日起十个工作日内提交答辩书。被申请人没有按时提交或者不提交答辩书的，不影响仲裁的进行。

第二十条 仲裁应当公开开庭进行，涉及国家、军队秘密和个人隐私的除外。涉及商业秘密，当事人申请不公开开庭的，可以不公开开庭。当事人协议不开庭的，仲裁庭可以书面仲裁。

第二十一条 人事争议仲裁委员会应当在开庭审理人事争议案件五个工作日前，将开庭时间、地点、仲裁庭组成人员等书面通知当事人。申请人经书面通知无正当理由不到庭，或者到庭后未经仲裁庭许可中途退庭的，视为撤回仲裁申请。被申请人经书面通知无正当理由不到庭，或者未经仲裁庭许可中途退庭的，可以缺席裁决。

当事人有正当理由的，在开庭前可以申请延期开庭，是否延期由仲裁庭决定。

第二十二条 仲裁庭处理人事争议应注重调解。自受理案件到作出裁决前，都要积极促使当事人双方自愿达成调解协议。

当事人经调解自愿达成书面协议的，仲裁庭应当根据调解协议的内容制作仲裁调解书。协议内容不得违反法律法规，不得侵犯社会公共利益和他人的合法权益。

调解书由仲裁庭成员署名，加盖人事争议仲裁委员会印章。调解书送达后，即发生法律效力。

当庭调解未达成协议或者仲裁调解书送达前当事人反悔的，仲裁庭应当及时进行仲裁裁决。

第二十三条 当事人应当对自己的主张提供证据。仲裁庭认为有关证据由用人单位提供更方便的，应要求用人单位提供。

用人单位作出解除人事关系和不同意工作人员要求辞职或终止聘任（用）合同引发的人事争议，由用人单位负责举证。

仲裁庭认为需要调查取证的，可以自行取证。

第二十四条 人事争议仲裁委员会在处理人事争议时，有权向有关单位查阅与案件有关的档案、资料和其他证明材料，并有权向知情人调查，有关单位和个人不得拒绝并应当如实提供相关材料。人事争议仲裁委员会及其工作人员对调查人事争议案件中涉及的国家秘密、军队秘密、商业秘密和个人隐私应当保密。

第二十五条 当事人的举证材料应在仲裁庭上出示，并进行质证。只有经过质证认定的事实和证据，才能作为仲裁裁决的依据。

第二十六条 当事人在仲裁过程中有权进行辩论。辩论终结时，仲裁庭应当征询当事人的最后意见。

第二十七条 仲裁庭应当将开庭情况记入笔录。当事人和其他仲裁参与人认为对自己陈述的记录有遗漏或者差错的，有权申请补正。如果不予补正，应当记录该申请，并注明不予补正的原因。

笔录由仲裁员、书记员、当事人和其他仲裁参与人署名或者盖章。

第二十八条 仲裁裁决应当按照多数仲裁员的意见作出，少数仲裁员的不同意见应当记入笔录。

仲裁庭对重大、疑难以及仲裁庭不能形成多数处理意见案件的处理，应当提交人事争议仲裁委员会讨论决定；人事争议仲裁委员会作出的决定，仲裁庭必须执行。

仲裁庭应当在裁决作出后五个工作日内制作裁决书。裁决书由仲裁庭成员署名并加盖人事争议仲裁委员会印章。

第二十九条 仲裁庭处理人事争议案件，一般应当在受理案件之日起九十日内结案。需要延期的，经人事争议仲裁委员会批准，可以适当延期，但是延长的期限不得超过三十日。

第三十条 当事人、法定代理人可以委托一至二名律师或其他代理人进行仲裁活动。委托律师和其他代理人进行仲裁活动，应当向人事争议仲裁委员会提交有委托人签名或盖章的委托书。委托书应当明确委托事项和权限。

第三十一条 有下列情形之一的，仲裁员应当自行申请回避，当事人和代理人有权以口头或书面方式申请其回避：

（一）是案件的当事人、代理人或者当事人、代理人的近亲属。

（二）与案件有利害关系。

（三）与案件当事人、代理人有其他关系，可能影响公正仲裁的。

前款规定适用于书记员、鉴定人员、勘验人员和翻译人员。

第三十二条 当事人对仲裁裁决不服的，可以按照《中华人民共和国公务员法》《中国人民解放军文职人员条例》以及最高人民法院相关司法解释的规定，自收到裁决书之日起十五日内向人民法院提起诉讼；逾期不起诉的，裁决书即发生法律效力。

第三十三条 对发生法律效力的调解书或者裁决书，当事人必须履行。一方当事人逾期不履行的，另一方当事人可以依照国家有关法律法规和最高人民法院相关司法解释的规定申请人民法院执行。

第五章　罚　　则

第三十四条　当事人及有关人员在仲裁过程中有下列行为之一的，人事争议仲裁委员会应当予以批评教育、责令改正；触犯法律的，提请司法机关依法追究法律责任：

（一）干扰仲裁活动，阻碍仲裁工作人员工作的。

（二）拒绝提供有关文件、资料和其他证明材料的。

（三）提供虚假情况的。

（四）对仲裁工作人员、仲裁参与人、证人进行打击报复的。

（五）其他应予以批评教育、责令改正或应依法追究法律责任的行为。

第三十五条　仲裁工作人员在仲裁活动中有徇私舞弊、收受贿赂、敲诈勒索、滥用职权等侵犯当事人合法权益行为的，由所在单位或上级机关给予处分；是仲裁员的，由人事争议仲裁委员会予以解聘；触犯法律的，提请司法机关依法追究法律责任。

第六章　附　　则

第三十六条　因考核、职务任免、职称评审等发生的人事争议，按照有关规定处理。

第三十七条　本规定由中共中央组织部、人力资源和社会保障部、中国人民解放军总政治部负责解释，省、自治区、直辖市可根据本规定制定实施办法。

第三十八条 本规定自2007年10月1日起施行，1997年人事部发布的《人事争议处理暂行规定》(人发〔1997〕71号)同时废止。

企业劳动争议协商调解规定

(2011年11月30日中华人民共和国人力资源和社会保障部令第17号公布)

第一章 总 则

第一条 为规范企业劳动争议协商、调解行为，促进劳动关系和谐稳定，根据《中华人民共和国劳动争议调解仲裁法》，制定本规定。

第二条 企业劳动争议协商、调解，适用本规定。

第三条 企业应当依法执行职工大会、职工代表大会、厂务公开等民主管理制度，建立集体协商、集体合同制度，维护劳动关系和谐稳定。

第四条 企业应当建立劳资双方沟通对话机制，畅通劳动者利益诉求表达渠道。

劳动者认为企业在履行劳动合同、集体合同，执行劳动保障法律、法规和企业劳动规章制度等方面存在问题的，可以向企业劳动争议调解委员会（以下简称调解委员会）提出。调解委员会应当及时核实情况，协调企业进行整改或者向劳动者做出说明。

劳动者也可以通过调解委员会向企业提出其他合理诉求。调解委员会应当及时向企业转达，并向劳动者反馈情况。

第五条 企业应当加强对劳动者的人文关怀，关心劳动者的诉求，关注劳动者的心理健康，引导劳动者理性维权，预防劳动争议发生。

第六条 协商、调解劳动争议，应当根据事实和有关法律法规的规定，遵循平等、自愿、合法、公正、及时的原则。

第七条 人力资源和社会保障行政部门应当指导企业开展劳动争议预防调解工作，具体履行下列职责：

（一）指导企业遵守劳动保障法律、法规和政策；

（二）督促企业建立劳动争议预防预警机制；

（三）协调工会、企业代表组织建立企业重大集体性劳动争议应急调解协调机制，共同推动企业劳动争议预防调解工作；

（四）检查辖区内调解委员会的组织建设、制度建设和队伍建设情况。

第二章 协 商

第八条 发生劳动争议，一方当事人可以通过与另一方当事人约见、面谈等方式协商解决。

第九条 劳动者可以要求所在企业工会参与或者协助其与企业进行协商。工会也可以主动参与劳动争议的协商处理，维护劳动者合法权益。

劳动者可以委托其他组织或者个人作为其代表进行协商。

第十条 一方当事人提出协商要求后，另一方当事人应当积极做出口头或者书面回应。5 日内不做出回应的，视为不愿协商。

协商的期限由当事人书面约定，在约定的期限内没有达成一致的，视为协商不成。当事人可以书面约定延长期限。

第十一条 协商达成一致，应当签订书面和解协议。和解协议对双方当事人具有约束力，当事人应当履行。

经仲裁庭审查，和解协议程序和内容合法有效的，仲裁庭可以将其作为证据使用。但是，当事人为达成和解的目的作出妥协所涉及的对争议事实的认可，不得在其后的仲裁中作为对其不利的证据。

第十二条 发生劳动争议，当事人不愿协商、协商不成或者达成和解协议后，一方当事人在约定的期限内不履行和解协议的，可以依法向调解委员会或者乡镇、街道劳动就业社会保障服务所（中心）等其他依法设立的调解组织申请调解，也可以依法向劳动人事争议仲裁委员会（以下简称仲裁委员会）申请仲裁。

第三章 调　解

第十三条 大中型企业应当依法设立调解委员会，并配备专职或者兼职工作人员。

有分公司、分店、分厂的企业，可以根据需要在分支机构设立调解委员会。总部调解委员会指导分支机构调解委员会开展劳动争议预防调解工作。

调解委员会可以根据需要在车间、工段、班组设立调解小组。

第十四条 小微型企业可以设立调解委员会，也可以由劳动者和企业共同推举人员，开展调解工作。

第十五条 调解委员会由劳动者代表和企业代表组成，人数由双方协商确定，双方人数应当对等。劳动者代表由工会委员会成员担任或者由全体劳动者推举产生，企业代表由企业负责人指定。调解委员会主任由工会委员会成员或者双方推举的人员担任。

第十六条 调解委员会履行下列职责：

（一）宣传劳动保障法律、法规和政策；

（二）对本企业发生的劳动争议进行调解；

（三）监督和解协议、调解协议的履行；

（四）聘任、解聘和管理调解员；

（五）参与协调履行劳动合同、集体合同、执行企业劳动规章制度等方面出现的问题；

（六）参与研究涉及劳动者切身利益的重大方案；

（七）协助企业建立劳动争议预防预警机制。

第十七条 调解员履行下列职责：

（一）关注本企业劳动关系状况，及时向调解委员会报告；

（二）接受调解委员会指派，调解劳动争议案件；

（三）监督和解协议、调解协议的履行；

（四）完成调解委员会交办的其他工作。

第十八条 调解员应当公道正派、联系群众、热心调解工作，具有一定劳动保障法律政策知识和沟通协调能力。调解员由调解委员会聘任的本企业工作人员担任，调解委员会成员均为调解员。

第十九条 调解员的聘期至少为1年，可以续聘。调解员不能履行调解职责时，调解委员会应当及时调整。

第二十条 调解员依法履行调解职责，需要占用生产或者工作时间的，企业应当予以支持，并按照正常出勤对待。

第二十一条 发生劳动争议，当事人可以口头或者书面形式向调解委员会提出调解申请。

申请内容应当包括申请人基本情况、调解请求、事实与理由。

口头申请的，调解委员会应当当场记录。

第二十二条 调解委员会接到调解申请后，对属于劳动争议受理范围且双方当事人同意调解的，应当在3个工作日内受理。对不属于劳动争议受理范围或者一方当事人不同意调解的，应当做好记录，并书面通知申请人。

第二十三条 发生劳动争议，当事人没有提出调解申请，调解委员会可以在征得双方当事人同意后主动调解。

第二十四条 调解委员会调解劳动争议一般不公开进行。但是，双方当事人要求公开调解的除外。

第二十五条 调解委员会根据案件情况指定调解员或者调解小组进行调解，在征得当事人同意后，也可以邀请有关单位和个人协助调解。

调解员应当全面听取双方当事人的陈述，采取灵活多样的方式方法，开展耐心、细致的说服疏导工作，帮助当事人自愿达成调解协议。

第二十六条 经调解达成调解协议的，由调解委员会制作调解协议书。调解协议书应当写明双方当事人基本情况、调解请求事项、调解的结果和协议履行期限、履行方式等。

调解协议书由双方当事人签名或者盖章，经调解员签名并加盖调解委员会印章后生效。

调解协议书一式三份，双方当事人和调解委员会各执一份。

第二十七条 生效的调解协议对双方当事人具有约束力，当事人应当履行。

双方当事人可以自调解协议生效之日起15日内共同向仲裁委员会提出仲裁审查申请。仲裁委员会受理后，应当对调解协议进行审查，并根据《劳动人事争议仲裁办案规则》第五十四条规定，对程序和内容合法有效的调解协议，出具调解书。

第二十八条 双方当事人未按前条规定提出仲裁审查申请，一方当事人在约定的期限内不履行调解协议的，另一方当事人可以依法申请仲裁。

仲裁委员会受理仲裁申请后，应当对调解协议进行审查，调解协议合法有效且不损害公共利益或者第三人合法利益的，在没有新证据出现的情况下，仲裁委员会可以依据调解协议作出仲裁裁决。

第二十九条 调解委员会调解劳动争议，应当自受理调解申请之日起15日内结束。但是，双方当事人同意延期的可以延长。

在前款规定期限内未达成调解协议的，视为调解不成。

第三十条 当事人不愿调解、调解不成或者达成调解协议后，一方当事人在约定的期限内不履行调解协议的，调解委员会应当做好记录，由双方当事人签名或者盖章，并书面告知当事人可以向仲裁委员会申请仲裁。

第三十一条 有下列情形之一的，按照《劳动人事争议仲裁办案规则》第十条的规定属于仲裁时效中断，从中断时起，仲裁时效期间重新计算：

（一）一方当事人提出协商要求后，另一方当事人不同意协商或者在5日内不做出回应的；

（二）在约定的协商期限内，一方或者双方当事人不同意继续协商的；

（三）在约定的协商期限内未达成一致的；

（四）达成和解协议后，一方或者双方当事人在约定的期限内不履行和解协议的；

（五）一方当事人提出调解申请后，另一方当事人不同意调解的；

（六）调解委员会受理调解申请后，在第二十九条规定的期限内一方或者双方当事人不同意调解的；

（七）在第二十九条规定的期限内未达成调解协议的；

（八）达成调解协议后，一方当事人在约定期限内不履行调解协议的。

第三十二条 调解委员会应当建立健全调解登记、调解记录、督促履行、档案管理、业务培训、统计报告、工作考评等制度。

第三十三条　企业应当支持调解委员会开展调解工作，提供办公场所，保障工作经费。

第三十四条　企业未按照本规定成立调解委员会，劳动争议或者群体性事件频发，影响劳动关系和谐，造成重大社会影响的，由县级以上人力资源和社会保障行政部门予以通报；违反法律法规规定的，依法予以处理。

第三十五条　调解员在调解过程中存在严重失职或者违法违纪行为，侵害当事人合法权益的，调解委员会应当予以解聘。

第四章　附　　则

第三十六条　民办非企业单位、社会团体开展劳动争议协商、调解工作参照本规定执行。

第三十七条　本规定自2012年1月1日起施行。

劳动人事争议仲裁办案规则

（2017年5月8日中华人民共和国人力资源和社会保障部令第33号公布）

第一章　总　　则

第一条　为公正及时处理劳动人事争议（以下简称争议），规范仲裁办案程序，根据《中华人民共和国劳动争议调解仲裁法》（以下简称调解仲裁法）以及《中华人民共和国公务员法》（以下简称公务员法）、《事业单位人事管理条例》、《中国人民解放军文职人员条例》和有关法律、法规、国务院有关规定，制定本规则。

第二条　本规则适用下列争议的仲裁：

（一）企业、个体经济组织、民办非企业单位等组织与劳动者之间，以及机关、事业单位、社会团体与其建立劳动关系的劳动者之间，因确认劳动关系，订立、履行、变更、解除和终止劳动合同，工作时间、休息休假、社会保险、福利、培训以及劳动保护，劳动报酬、工伤医疗费、经济补偿或者赔偿金等发生的争议；

（二）实施公务员法的机关与聘任制公务员之间、参照公务员法管理的机关（单位）与聘任工作人员之间因履行聘任合同发生的争议；

（三）事业单位与其建立人事关系的工作人员之间因终止人事关系以及履行聘用合同发生的争议；

（四）社会团体与其建立人事关系的工作人员之间因终止人事关系以及履行聘用合同发生的争议；

（五）军队文职人员用人单位与聘用制文职人员之间因履行聘用合同发生的争议；

（六）法律、法规规定由劳动人事争议仲裁委员会（以下简称仲裁委员会）处理的其他争议。

第三条 仲裁委员会处理争议案件，应当遵循合法、公正的原则，先行调解，及时裁决。

第四条 仲裁委员会下设实体化的办事机构，称为劳动人事争议仲裁院（以下简称仲裁院）。

第五条 劳动者一方在十人以上并有共同请求的争议，或者因履行集体合同发生的劳动争议，仲裁委员会应当优先立案，优先审理。

第二章 一般规定

第六条 发生争议的用人单位未办理营业执照、被吊销营业执照、营业执照到期继续经营、被责令关闭、被撤销以及用人单位解散、歇业，不能承担相关责任的，应当将用人单位和其出资人、开办单位或者主管部门作为共同当事人。

第七条 劳动者与个人承包经营者发生争议，依法向仲裁委员会申请仲裁的，应当将发包的组织和个人承包经营者作为共同当事人。

第八条 劳动合同履行地为劳动者实际工作场所地，用人单位所在地为用人单位注册、登记地或者主要办事机构所在地。用人单位未经注册、登记的，其出资人、开办单位或者主管部门所在地为用人单位所在地。

双方当事人分别向劳动合同履行地和用人单位所在地的仲裁委员会申请仲裁的，由劳动合同履行地的仲裁委员会管辖。有多个劳动合同履行地的，由最先受理的仲裁委员会管辖。劳动合同履行地不明确的，由用人单位所在地的仲裁委员会管辖。

案件受理后，劳动合同履行地或者用人单位所在地发生变化的，不改变争议仲裁的管辖。

第九条 仲裁委员会发现已受理案件不属于其管辖范围的，应当移送至有管辖权的仲裁委员会，并书面通知当事人。

对上述移送案件，受移送的仲裁委员会应当依法受理。受移送的仲裁委员会认为移送的案件按照规定不属于其管辖，或者仲裁委员会之间因管辖争议协商不成的，应当报请共同的上一级仲裁委员会主管部门指定管辖。

第十条 当事人提出管辖异议的，应当在答辩期满前书面提出。仲裁委员会应当审查当事人提出的管辖异议，异议成立的，将案件移送至有管辖权的仲裁委员会并书面通知当事人；异议不成立的，应当书面决定驳回。

当事人逾期提出的，不影响仲裁程序的进行。

第十一条 当事人申请回避，应当在案件开庭审理前提出，并说明理由。回避事由在案件开庭审理后知晓的，也可以在庭审辩论终结前提出。

当事人在庭审辩论终结后提出回避申请的，不影响仲裁程序的进行。

仲裁委员会应当在回避申请提出的三日内，以口头或者书面形式作出决定。以口头形式作出的，应当记入笔录。

第十二条 仲裁员、记录人员是否回避，由仲裁委员会主任或者其委托的仲裁院负责人决定。仲裁委员会主任担任案件仲裁员是否回避，由仲裁委员会决定。

在回避决定作出前，被申请回避的人员应当暂停参与该案处理，但因案件需要采取紧急措施的除外。

第十三条 当事人对自己提出的主张有责任提供证据。与争议事项有关的证据属于用人单位掌握管理的，用人单位应当提供；用人单位不提供的，应当承担不利后果。

第十四条 法律没有具体规定、按照本规则第十三条规定无法确定举证责任承担的，仲裁庭可以根据公平原则和诚实信用原则，综合当事人举证能力等因素确定举证责任的承担。

第十五条 承担举证责任的当事人应当在仲裁委员会指定的期限内提供有关证据。当事人在该期限内提供证据确有困难的，可以向仲裁委员会申请延长期限，仲裁委员会根据当事人的申请适当延长。当事人逾期提供证据的，仲裁委员会应当责令其说明理由；拒不说明理由或者理由不成立的，仲裁委员会可以根据不同情形不予采纳该证据，或者采纳该证据但予以训诫。

第十六条 当事人因客观原因不能自行收集的证据，仲裁委员会可以根据当事人的申请，参照民事诉讼有关规定予以收集；仲裁委员会认为有必要的，也可以决定参照民事诉讼有关规定予以收集。

第十七条 仲裁委员会依法调查取证时，有关单位和个人应当协助配合。

仲裁委员会调查取证时，不得少于两人，并应当向被调查对象出示工作证件和仲裁委员会出具的介绍信。

第十八条 争议处理中涉及证据形式、证据提交、证据交换、证据质证、证据认定等事项，本规则未规定的，可以参照民事诉讼证据规则的有关规定执行。

第十九条 仲裁期间包括法定期间和仲裁委员会指定期间。

仲裁期间的计算，本规则未规定的，仲裁委员会可以参照民事诉讼关于期间计算的有关规定执行。

第二十条 仲裁委员会送达仲裁文书必须有送达回证，由受送达人在送达回证上记明收到日期，并签名或者盖章。受送达人在送达回证上的签收日期为送达日期。

因企业停业等原因导致无法送达且劳动者一方在十人以上的，或者受送达人拒绝签收仲裁文书的，通过在受送达人住所留置、张贴仲裁文书，并采用拍照、录像等方式记录的，自留置、张贴之日起经过三日即视为送达，不受本条第一款的限制。

仲裁文书的送达方式，本规则未规定的，仲裁委员会可以参照民事诉讼关于送达方式的有关规定执行。

第二十一条 案件处理终结后，仲裁委员会应当将处理过程中形成的全部材料立卷归档。

第二十二条 仲裁案卷分正卷和副卷装订。

正卷包括：仲裁申请书、受理（不予受理）通知书、答辩书、当事人及其他仲裁参加人的身份证明材料、授权委托书、调查证据、勘验笔录、当事人提供的证据材料、委托鉴定材料、开庭通知、庭审笔录、延期通知书、撤回仲裁申请书、调解书、裁决书、决定书、案件移送函、送达回证等。

副卷包括：立案审批表、延期审理审批表、中止审理审批表、调查提纲、阅卷笔录、会议笔录、评议记录、结案审批表等。

第二十三条 仲裁委员会应当建立案卷查阅制度。对案卷正卷材料，应当允许当事人及其代理人依法查阅、复制。

第二十四条 仲裁裁决结案的案卷，保存期不少于十年；仲裁调解和其他方式结案的案卷，保存期不少于五年；国家另有规定的，从其规定。

保存期满后的案卷，应当按照国家有关档案管理的规定处理。

第二十五条 在仲裁活动中涉及国家秘密或者军事秘密的，按照国家或者军队有关保密规定执行。

当事人协议不公开或者涉及商业秘密和个人隐私的，经相关当事人书面申请，仲裁委员会应当不公开审理。

第三章　仲裁程序

第一节　申请和受理

第二十六条　本规则第二条第（一）、（三）、（四）、（五）项规定的争议，申请仲裁的时效期间为一年。仲裁时效期间从当事人知道或者应当知道其权利被侵害之日起计算。

本规则第二条第（二）项规定的争议，申请仲裁的时效期间适用公务员法有关规定。

劳动人事关系存续期间因拖欠劳动报酬发生争议的，劳动者申请仲裁不受本条第一款规定的仲裁时效期间的限制；但是，劳动人事关系终止的，应当自劳动人事关系终止之日起一年内提出。

第二十七条　在申请仲裁的时效期间内，有下列情形之一的，仲裁时效中断：

（一）一方当事人通过协商、申请调解等方式向对方当事人主张权利的；

（二）一方当事人通过向有关部门投诉，向仲裁委员会申请仲裁，向人民法院起诉或者申请支付令等方式请求权利救济的；

（三）对方当事人同意履行义务的。

从中断时起，仲裁时效期间重新计算。

第二十八条　因不可抗力，或者有无民事行为能力或者限制民事行为能力劳动者的法定代理人未确定等其他正当理由，当事人不能在规定的仲裁时效期间申请仲裁的，仲裁时效中止。从中止时效的原因消除之日起，仲裁时效期间继续计算。

第二十九条 申请人申请仲裁应当提交书面仲裁申请，并按照被申请人人数提交副本。

仲裁申请书应当载明下列事项：

（一）劳动者的姓名、性别、出生日期、身份证件号码、住所、通讯地址和联系电话，用人单位的名称、住所、通讯地址、联系电话和法定代表人或者主要负责人的姓名、职务；

（二）仲裁请求和所根据的事实、理由；

（三）证据和证据来源，证人姓名和住所。

书写仲裁申请确有困难的，可以口头申请，由仲裁委员会记入笔录，经申请人签名、盖章或者捺印确认。

对于仲裁申请书不规范或者材料不齐备的，仲裁委员会应当当场或者在五日内一次性告知申请人需要补正的全部材料。

仲裁委员会收取当事人提交的材料应当出具收件回执。

第三十条 仲裁委员会对符合下列条件的仲裁申请应当予以受理，并在收到仲裁申请之日起五日内向申请人出具受理通知书：

（一）属于本规则第二条规定的争议范围；

（二）有明确的仲裁请求和事实理由；

（三）申请人是与本案有直接利害关系的自然人、法人或者其他组织，有明确的被申请人；

（四）属于本仲裁委员会管辖范围。

第三十一条 对不符合本规则第三十条第（一）、（二）、（三）项规定之一的仲裁申请，仲裁委员会不予受理，并在收到仲裁申请之日起五日内向申请人出具不予受理通知书；对不符合本规则第三十条第（四）项规定的仲裁申请，仲裁委员会应当在收到仲裁申请之日起五日内，向申请人作出书面说明并告知申请人向有管辖权的仲裁委员会申请仲裁。

对仲裁委员会逾期未作出决定或者决定不予受理的，申请人可以就该争议事项向人民法院提起诉讼。

第三十二条 仲裁委员会受理案件后，发现不应当受理的，除本规则第九条规定外，应当撤销案件，并自决定撤销案件后五日内，以决定书的形式通知当事人。

第三十三条 仲裁委员会受理仲裁申请后，应当在五日内将仲裁申请书副本送达被申请人。

被申请人收到仲裁申请书副本后，应当在十日内向仲裁委员会提交答辩书。仲裁委员会收到答辩书后，应当在五日内将答辩书副本送达申请人。被申请人逾期未提交答辩书的，不影响仲裁程序的进行。

第三十四条 符合下列情形之一，申请人基于同一事实、理由和仲裁请求又申请仲裁的，仲裁委员会不予受理：

（一）仲裁委员会已经依法出具不予受理通知书的；

（二）案件已在仲裁、诉讼过程中或者调解书、裁决书、判决书已经发生法律效力的。

第三十五条 仲裁处理结果作出前，申请人可以自行撤回仲裁申请。申请人再次申请仲裁的，仲裁委员会应当受理。

第三十六条 被申请人可以在答辩期间提出反申请，仲裁委员会应当自收到被申请人反申请之日起五日内决定是否受理并通知被申请人。

决定受理的，仲裁委员会可以将反申请和申请合并处理。

反申请应当另行申请仲裁的，仲裁委员会应当书面告知被申请人另行申请仲裁；反申请不属于本规则规定应当受理的，仲裁委员会应当向被申请人出具不予受理通知书。

被申请人答辩期满后对申请人提出反申请的，应当另行申请仲裁。

第二节　开庭和裁决

第三十七条　仲裁委员会应当在受理仲裁申请之日起五日内组成仲裁庭并将仲裁庭的组成情况书面通知当事人。

第三十八条　仲裁庭应当在开庭五日前，将开庭日期、地点书面通知双方当事人。当事人有正当理由的，可以在开庭三日前请求延期开庭。是否延期，由仲裁委员会根据实际情况决定。

第三十九条　申请人收到书面开庭通知，无正当理由拒不到庭或者未经仲裁庭同意中途退庭的，可以按撤回仲裁申请处理；申请人重新申请仲裁的，仲裁委员会不予受理。被申请人收到书面开庭通知，无正当理由拒不到庭或者未经仲裁庭同意中途退庭的，仲裁庭可以继续开庭审理，并缺席裁决。

第四十条　当事人申请鉴定的，鉴定费由申请鉴定方先行垫付，案件处理终结后，由鉴定结果对其不利方负担。鉴定结果不明确的，由申请鉴定方负担。

第四十一条　开庭审理前，记录人员应当查明当事人和其他仲裁参与人是否到庭，宣布仲裁庭纪律。

开庭审理时，由仲裁员宣布开庭、案由和仲裁员、记录人员名单，核对当事人，告知当事人有关的权利义务，询问当事人是否提出回避申请。

开庭审理中，仲裁员应当听取申请人的陈述和被申请人的答辩，主持庭审调查、质证和辩论、征询当事人最后意见，并进行调解。

第四十二条 仲裁庭应当将开庭情况记入笔录。当事人或者其他仲裁参与人认为对自己陈述的记录有遗漏或者差错的，有权当庭申请补正。仲裁庭认为申请无理由或者无必要的，可以不予补正，但是应当记录该申请。

仲裁员、记录人员、当事人和其他仲裁参与人应当在庭审笔录上签名或者盖章。当事人或者其他仲裁参与人拒绝在庭审笔录上签名或者盖章的，仲裁庭应当记明情况附卷。

第四十三条 仲裁参与人和其他人应当遵守仲裁庭纪律，不得有下列行为：

（一）未经准许进行录音、录像、摄影；

（二）未经准许以移动通信等方式现场传播庭审活动；

（三）其他扰乱仲裁庭秩序、妨害审理活动进行的行为。

仲裁参与人或者其他人有前款规定的情形之一的，仲裁庭可以训诫、责令退出仲裁庭，也可以暂扣进行录音、录像、摄影、传播庭审活动的器材，并责令其删除有关内容。拒不删除的，可以采取必要手段强制删除，并将上述事实记入庭审笔录。

第四十四条 申请人在举证期限届满前可以提出增加或者变更

仲裁请求；仲裁庭对申请人增加或者变更的仲裁请求审查后认为应当受理的，应当通知被申请人并给予答辩期，被申请人明确表示放弃答辩期的除外。

申请人在举证期限届满后提出增加或者变更仲裁请求的，应当另行申请仲裁。

第四十五条 仲裁庭裁决案件，应当自仲裁委员会受理仲裁申请之日起四十五日内结束。案情复杂需要延期的，经仲裁委员会主任或者其委托的仲裁院负责人书面批准，可以延期并书面通知当事人，但延长期限不得超过十五日。

第四十六条 有下列情形的，仲裁期限按照下列规定计算：

（一）仲裁庭追加当事人或者第三人的，仲裁期限从决定追加之日起重新计算；

（二）申请人需要补正材料的，仲裁委员会收到仲裁申请的时间从材料补正之日起重新计算；

（三）增加、变更仲裁请求的，仲裁期限从受理增加、变更仲裁请求之日起重新计算；

（四）仲裁申请和反申请合并处理的，仲裁期限从受理反申请之日起重新计算；

（五）案件移送管辖的，仲裁期限从接受移送之日起重新计算；

（六）中止审理期间、公告送达期间不计入仲裁期限内；

（七）法律、法规规定应当另行计算的其他情形。

第四十七条 有下列情形之一的，经仲裁委员会主任或者其委托的仲裁院负责人批准，可以中止案件审理，并书面通知当事人：

（一）劳动者一方当事人死亡，需要等待继承人表明是否参加仲裁的；

（二）劳动者一方当事人丧失民事行为能力，尚未确定法定代理人参加仲裁的；

（三）用人单位终止，尚未确定权利义务承继者的；

（四）一方当事人因不可抗拒的事由，不能参加仲裁的；

（五）案件审理需要以其他案件的审理结果为依据，且其他案件尚未审结的；

（六）案件处理需要等待工伤认定、伤残等级鉴定以及其他鉴定结论的；

（七）其他应当中止仲裁审理的情形。

中止审理的情形消除后，仲裁庭应当恢复审理。

第四十八条 当事人因仲裁庭逾期未作出仲裁裁决而向人民法院提起诉讼并立案受理的，仲裁委员会应当决定该案件终止审理；当事人未就该争议事项向人民法院提起诉讼的，仲裁委员会应当继续处理。

第四十九条 仲裁庭裁决案件时，其中一部分事实已经清楚的，可以就该部分先行裁决。当事人对先行裁决不服的，可以按照调解仲裁法有关规定处理。

第五十条 仲裁庭裁决案件时，申请人根据调解仲裁法第四十七条第（一）项规定，追索劳动报酬、工伤医疗费、经济补偿或者赔偿金，如果仲裁裁决涉及数项，对单项裁决数额不超过当地月最低工资标准十二个月金额的事项，应当适用终局裁决。

前款经济补偿包括《中华人民共和国劳动合同法》(以下简称劳动合同法)规定的竞业限制期限内给予的经济补偿、解除或者终止劳动合同的经济补偿等;赔偿金包括劳动合同法规定的未签订书面劳动合同第二倍工资、违法约定试用期的赔偿金、违法解除或者终止劳动合同的赔偿金等。

根据调解仲裁法第四十七条第(二)项的规定,因执行国家的劳动标准在工作时间、休息休假、社会保险等方面发生的争议,应当适用终局裁决。

仲裁庭裁决案件时,裁决内容同时涉及终局裁决和非终局裁决的,应当分别制作裁决书,并告知当事人相应的救济权利。

第五十一条 仲裁庭对追索劳动报酬、工伤医疗费、经济补偿或者赔偿金的案件,根据当事人的申请,可以裁决先予执行,移送人民法院执行。

仲裁庭裁决先予执行的,应当符合下列条件:

(一)当事人之间权利义务关系明确;

(二)不先予执行将严重影响申请人的生活。

劳动者申请先予执行的,可以不提供担保。

第五十二条 裁决应当按照多数仲裁员的意见作出,少数仲裁员的不同意见应当记入笔录。仲裁庭不能形成多数意见时,裁决应当按照首席仲裁员的意见作出。

第五十三条 裁决书应当载明仲裁请求、争议事实、裁决理由、裁决结果、当事人权利和裁决日期。裁决书由仲裁员签名,加盖仲裁委员会印章。对裁决持不同意见的仲裁员,可以签名,也可以不签名。

第五十四条 对裁决书中的文字、计算错误或者仲裁庭已经裁决但在裁决书中遗漏的事项，仲裁庭应当及时制作决定书予以补正并送达当事人。

第五十五条 当事人对裁决不服向人民法院提起诉讼的，按照调解仲裁法有关规定处理。

第三节 简易处理

第五十六条 争议案件符合下列情形之一的，可以简易处理：

（一）事实清楚、权利义务关系明确、争议不大的；

（二）标的额不超过本省、自治区、直辖市上年度职工年平均工资的；

（三）双方当事人同意简易处理的。

仲裁委员会决定简易处理的，可以指定一名仲裁员独任仲裁，并应当告知当事人。

第五十七条 争议案件有下列情形之一的，不得简易处理：

（一）涉及国家利益、社会公共利益的；

（二）有重大社会影响的；

（三）被申请人下落不明的；

（四）仲裁委员会认为不宜简易处理的。

第五十八条 简易处理的案件，经与被申请人协商同意，仲裁庭可以缩短或者取消答辩期。

第五十九条 简易处理的案件，仲裁庭可以用电话、短信、传真、电子邮件等简便方式送达仲裁文书，但送达调解书、裁决书除外。

以简便方式送达的开庭通知，未经当事人确认或者没有其他证据证明当事人已经收到的，仲裁庭不得按撤回仲裁申请处理或者缺席裁决。

第六十条 简易处理的案件，仲裁庭可以根据案件情况确定举证期限、开庭日期、审理程序、文书制作等事项，但应当保障当事人陈述意见的权利。

第六十一条 仲裁庭在审理过程中，发现案件不宜简易处理的，应当在仲裁期限届满前决定转为按照一般程序处理，并告知当事人。

案件转为按照一般程序处理的，仲裁期限自仲裁委员会受理仲裁申请之日起计算，双方当事人已经确认的事实，可以不再进行举证、质证。

第四节 集体劳动人事争议处理

第六十二条 处理劳动者一方在十人以上并有共同请求的争议案件，或者因履行集体合同发生的劳动争议案件，适用本节规定。

符合本规则第五十六条第一款规定情形之一的集体劳动人事争议案件，可以简易处理，不受本节规定的限制。

第六十三条 发生劳动者一方在十人以上并有共同请求的争议的，劳动者可以推举三至五名代表参加仲裁活动。代表人参加仲裁的行为对其所代表的当事人发生效力，但代表人变更、放弃仲裁请求或者承认对方当事人的仲裁请求，进行和解，必须经被代表的当事人同意。

因履行集体合同发生的劳动争议，经协商解决不成的，工会可以依法申请仲裁；尚未建立工会的，由上级工会指导劳动者推举产生的代表依法申请仲裁。

第六十四条 仲裁委员会应当自收到当事人集体劳动人事争议仲裁申请之日起五日内作出受理或者不予受理的决定。决定受理的，应当自受理之日起五日内将仲裁庭组成人员、答辩期限、举证期限、开庭日期和地点等事项一次性通知当事人。

第六十五条 仲裁委员会处理集体劳动人事争议案件，应当由三名仲裁员组成仲裁庭，设首席仲裁员。

仲裁委员会处理因履行集体合同发生的劳动争议，应当按照三方原则组成仲裁庭处理。

第六十六条 仲裁庭处理集体劳动人事争议，开庭前应当引导当事人自行协商，或者先行调解。

仲裁庭处理集体劳动人事争议案件，可以邀请法律工作者、律师、专家学者等第三方共同参与调解。

协商或者调解未能达成协议的，仲裁庭应当及时裁决。

第六十七条 仲裁庭开庭场所可以设在发生争议的用人单位或者其他便于及时处理争议的地点。

第四章 调解程序

第一节 仲裁调解

第六十八条 仲裁委员会处理争议案件，应当坚持调解优先，引导当事人通过协商、调解方式解决争议，给予必要的法律释明以及风险提示。

第六十九条 对未经调解、当事人直接申请仲裁的争议，仲裁委员会可以向当事人发出调解建议书，引导其到调解组织进行调解。当事人同意先行调解的，应当暂缓受理；当事人不同意先行调解的，应当依法受理。

第七十条 开庭之前，经双方当事人同意，仲裁庭可以委托调解组织或者其他具有调解能力的组织、个人进行调解。

自当事人同意之日起十日内未达成调解协议的，应当开庭审理。

第七十一条 仲裁庭审理争议案件时，应当进行调解。必要时可以邀请有关单位、组织或者个人参与调解。

第七十二条 仲裁调解达成协议的，仲裁庭应当制作调解书。

调解书应当写明仲裁请求和当事人协议的结果。调解书由仲裁员签名，加盖仲裁委员会印章，送达双方当事人。调解书经双方当事人签收后，发生法律效力。

调解不成或者调解书送达前，一方当事人反悔的，仲裁庭应当及时作出裁决。

第七十三条 当事人就部分仲裁请求达成调解协议的，仲裁庭可以就该部分先行出具调解书。

第二节 调解协议的仲裁审查

第七十四条 经调解组织调解达成调解协议的，双方当事人可以自调解协议生效之日起十五日内，共同向有管辖权的仲裁委员会提出仲裁审查申请。

当事人申请审查调解协议，应当向仲裁委员会提交仲裁审查申请书、调解协议和身份证明、资格证明以及其他与调解协议相关的证明材料，并提供双方当事人的送达地址、电话号码等联系方式。

第七十五条 仲裁委员会收到当事人仲裁审查申请，应当及时决定是否受理。决定受理的，应当出具受理通知书。

有下列情形之一的，仲裁委员会不予受理：

（一）不属于仲裁委员会受理争议范围的；

（二）不属于本仲裁委员会管辖的；

（三）超出规定的仲裁审查申请期间的；

（四）确认劳动关系的；

（五）调解协议已经人民法院司法确认的。

第七十六条 仲裁委员会审查调解协议，应当自受理仲裁审查申请之日起五日内结束。因特殊情况需要延期的，经仲裁委员会主任或者其委托的仲裁院负责人批准，可以延长五日。

调解书送达前，一方或者双方当事人撤回仲裁审查申请的，仲裁委员会应当准许。

第七十七条 仲裁委员会受理仲裁审查申请后，应当指定仲裁员对调解协议进行审查。

仲裁委员会经审查认为调解协议的形式和内容合法有效的，应当制作调解书。调解书的内容应当与调解协议的内容相一致。调解书经双方当事人签收后，发生法律效力。

第七十八条 调解协议具有下列情形之一的，仲裁委员会不予制作调解书：

（一）违反法律、行政法规强制性规定的；

（二）损害国家利益、社会公共利益或者公民、法人、其他组织合法权益的；

（三）当事人提供证据材料有弄虚作假嫌疑的；

（四）违反自愿原则的；

（五）内容不明确的；

（六）其他不能制作调解书的情形。

仲裁委员会决定不予制作调解书的，应当书面通知当事人。

第七十九条 当事人撤回仲裁审查申请或者仲裁委员会决定不予制作调解书的，应当终止仲裁审查。

第五章 附 则

第八十条 本规则规定的“三日”、“五日”、“十日”指工作日，“十五日”、“四十五日”指自然日。

第八十一条 本规则自2017年7月1日起施行。2009年1月1日人力资源社会保障部公布的《劳动人事争议仲裁办案规则》（人力资源和社会保障部令第2号）同时废止。

劳动人事争议仲裁组织规则

（2017年5月8日中华人民共和国人力资源和社会保障部令第34号公布）

第一章 总 则

第一条 为公正及时处理劳动人事争议（以下简称争议），根据《中华人民共和国劳动争议调解仲裁法》（以下简称调解仲裁法）和《中华人民共和国公务员法》、《事业单位人事管理条例》、《中国人民解放军文职人员条例》等有关法律、法规，制定本规则。

第二条 劳动人事争议仲裁委员会（以下简称仲裁委员会）由人民政府依法设立，专门处理争议案件。

第三条 人力资源社会保障行政部门负责指导本行政区域的争议调解仲裁工作，组织协调处理跨地区、有影响的重大争议，负责仲裁员的管理、培训等工作。

第二章 仲裁委员会及其办事机构

第四条 仲裁委员会按照统筹规划、合理布局和适应实际需要的原则设立，由省、自治区、直辖市人民政府依法决定。

第五条 仲裁委员会由干部主管部门代表、人力资源社会保障等相关行政部门代表、军队文职人员工作管理部门代表、工会代表和用人单位方面代表等组成。

仲裁委员会组成人员应当是单数。

第六条 仲裁委员会设主任一名，副主任和委员若干名。

仲裁委员会主任由政府负责人或者人力资源社会保障行政部门主要负责人担任。

第七条 仲裁委员会依法履行下列职责：

（一）聘任、解聘专职或者兼职仲裁员；

（二）受理争议案件；

（三）讨论重大或者疑难的争议案件；

（四）监督本仲裁委员会的仲裁活动；

（五）制定本仲裁委员会的工作规则；

（六）其他依法应当履行的职责。

第八条 仲裁委员会应当每年至少召开两次全体会议，研究本仲裁委员会职责履行情况和重要工作事项。

仲裁委员会主任或者三分之一以上的仲裁委员会组成人员提议召开仲裁委员会会议的，应当召开。

仲裁委员会的决定实行少数服从多数原则。

第九条 仲裁委员会下设实体化的办事机构，具体承担争议调解仲裁等日常工作。办事机构称为劳动人事争议仲裁院（以下简称仲裁院），设在人力资源社会保障行政部门。

仲裁院对仲裁委员会负责并报告工作。

第十条 仲裁委员会的经费依法由财政予以保障。仲裁经费包括人员经费、公用经费、仲裁专项经费等。

仲裁院可以通过政府购买服务等方式聘用记录人员、安保人员等办案辅助人员。

第十一条 仲裁委员会组成单位可以派兼职仲裁员常驻仲裁院，参与争议调解仲裁活动。

第三章 仲 裁 庭

第十二条 仲裁委员会处理争议案件实行仲裁庭制度，实行一案一庭制。

仲裁委员会可以根据案件处理实际需要设立派驻仲裁庭、巡回仲裁庭、流动仲裁庭，就近就地处理争议案件。

第十三条 处理下列争议案件应当由三名仲裁员组成仲裁庭，设首席仲裁员：

（一）十人以上并有共同请求的争议案件；

（二）履行集体合同发生的争议案件；

（三）有重大影响或者疑难复杂的争议案件；

（四）仲裁委员会认为应当由三名仲裁员组庭处理的其他争议案件。

简单争议案件可以由一名仲裁员独任仲裁。

第十四条 记录人员负责案件庭审记录等相关工作。

记录人员不得由本庭仲裁员兼任。

第十五条 仲裁庭组成不符合规定的，仲裁委员会应当予以撤销并重新组庭。

第十六条 仲裁委员会应当有专门的仲裁场所。仲裁场所应当悬挂仲裁徽章，张贴仲裁庭纪律及注意事项等，并配备仲裁庭专业设备、档案储存设备、安全监控设备和安检设施等。

第十七条 仲裁工作人员在仲裁活动中应当统一着装，佩戴仲裁徽章。

第四章 仲 裁 员

第十八条 仲裁员是由仲裁委员会聘任、依法调解和仲裁争议案件的专业工作人员。

仲裁员分为专职仲裁员和兼职仲裁员。专职仲裁员和兼职仲裁员在调解仲裁活动中享有同等权利，履行同等义务。

兼职仲裁员进行仲裁活动，所在单位应当予以支持。

第十九条 仲裁委员会应当依法聘任一定数量的专职仲裁员，也可以根据办案工作需要，依法从干部主管部门、人力资源社会保障行政部门、军队文职人员工作管理部门、工会、企业组织等相关机构的人员以及专家学者、律师中聘任兼职仲裁员。

第二十条 仲裁员享有以下权利：

（一）履行职责应当具有的职权和工作条件；

（二）处理争议案件不受干涉；

（三）人身、财产安全受到保护；

（四）参加聘前培训和在职培训；

（五）法律、法规规定的其他权利。

第二十一条 仲裁员应当履行以下义务：

（一）依法处理争议案件；

（二）维护国家利益和公共利益，保护当事人合法权益；

（三）严格执行廉政规定，恪守职业道德；

（四）自觉接受监督；

（五）法律、法规规定的其他义务。

第二十二条 仲裁委员会聘任仲裁员时，应当从符合调解仲裁法第二十条规定的仲裁员条件的人员中选聘。

仲裁委员会应当根据工作需要，合理配备专职仲裁员和办案辅助人员。专职仲裁员数量不得少于三名，办案辅助人员不得少于一名。

第二十三条 仲裁委员会应当设仲裁员名册，并予以公告。

省、自治区、直辖市人力资源社会保障行政部门应当将本行政区域内仲裁委员会聘任的仲裁员名单报送人力资源社会保障部备案。

第二十四条 仲裁员聘期一般为五年。仲裁委员会负责仲裁员考核，考核结果作为解聘和续聘仲裁员的依据。

第二十五条 仲裁委员会应当制定仲裁员工作绩效考核标准，重点考核办案质量和效率、工作作风、遵纪守法情况等。考核结果分为优秀、合格、不合格。

第二十六条 仲裁员有下列情形之一的，仲裁委员会应当予以解聘：

（一）聘期届满不再续聘的；

（二）在聘期内因工作岗位变动或者其他原因不再履行仲裁员

职责的；

（三）年度考核不合格的；

（四）因违纪、违法犯罪不能继续履行仲裁员职责的；

（五）其他应当解聘的情形。

第二十七条 人力资源社会保障行政部门负责对拟聘任的仲裁员进行聘前培训。

拟聘为省、自治区、直辖市仲裁委员会仲裁员及副省级市仲裁委员会仲裁员的，参加人力资源社会保障部组织的聘前培训；拟聘为地（市）、县（区）仲裁委员会仲裁员的，参加省、自治区、直辖市人力资源社会保障行政部门组织的仲裁员聘前培训。

第二十八条 人力资源社会保障行政部门负责每年对本行政区域内的仲裁员进行政治思想、职业道德、业务能力和作风建设培训。

仲裁员每年脱产培训的时间累计不少于四十学时。

第二十九条 仲裁委员会应当加强仲裁员作风建设，培育和弘扬具有行业特色的仲裁文化。

第三十条 人力资源社会保障部负责组织制定仲裁员培训大纲，开发培训教材，建立师资库和考试题库。

第三十一条 建立仲裁员职业保障机制，拓展仲裁员职业发展空间。

第五章 仲裁监督

第三十二条 仲裁委员会应当建立仲裁监督制度，对申请受理、办案程序、处理结果、仲裁工作人员行为等进行监督。

第三十三条 仲裁员不得有下列行为：

（一）徇私枉法，偏袒一方当事人；

（二）滥用职权，侵犯当事人合法权益；

（三）利用职权为自己或者他人谋取私利；

（四）隐瞒证据或者伪造证据；

（五）私自会见当事人及其代理人，接受当事人及其代理人的请客送礼；

（六）故意拖延办案、玩忽职守；

（七）泄露案件涉及的国家秘密、商业秘密和个人隐私或者擅自透露案件处理情况；

（八）在受聘期间担任所在仲裁委员会受理案件的代理人；

（九）其他违法违纪的行为。

第三十四条 仲裁员有本规则第三十三条规定情形的，仲裁委员会视情节轻重，给予批评教育、解聘等处理；被解聘的，五年内不得再次被聘为仲裁员。仲裁员所在单位根据国家有关规定对其给予处分；构成犯罪的，依法追究刑事责任。

第三十五条 记录人员等办案辅助人员应当认真履行职责，严守工作纪律，不得有玩忽职守、偏袒一方当事人、泄露案件涉及的国家秘密、商业秘密和个人隐私或者擅自透露案件处理情况等行为。

办案辅助人员违反前款规定的，应当按照有关法律法规和本规则第三十四条的规定处理。

第六章　附　　则

第三十六条　被聘任为仲裁员的，由人力资源社会保障部统一免费发放仲裁员证和仲裁徽章。

第三十七条　仲裁委员会对被解聘、辞职以及其他原因不再聘任的仲裁员，应当及时收回仲裁员证和仲裁徽章，并予以公告。

第三十八条　本规则自 2017 年 7 月 1 日起施行。2010 年 1 月 20 日人力资源社会保障部公布的《劳动人事争议仲裁组织规则》（人力资源和社会保障部令第 5 号）同时废止。

图书在版编目（CIP）数据

劳动争议调解仲裁法 / 学习强会编. —北京：中国工人出版社，2022.8
（全国职工"八五"普法简明读本）
ISBN 978-7-5008-7949-7

Ⅰ. ①劳… Ⅱ. ①学… Ⅲ. ①劳动争议—劳动法—中国—通俗读物
Ⅳ. ①D922.591.4

中国版本图书馆CIP数据核字（2022）第143804号

劳动争议调解仲裁法

出 版 人	董　宽
责任编辑	赵晨羽
责任校对	张　彦
责任印制	栾征宇
出版发行	中国工人出版社
地　　址	北京市东城区鼓楼外大街45号　邮编：100120
网　　址	http://www.wp-china.com
电　　话	（010）62005043（总编室） （010）62005039（印制管理中心） （010）62382916（工会与劳动关系分社）
发行热线	（010）82029051　62383056
经　　销	各地书店
印　　刷	三河市万龙印装有限公司
开　　本	850毫米×1168毫米　1/32
印　　张	4.375
字　　数	90千字
版　　次	2022年10月第1版　2023年12月第3次印刷
定　　价	24.00元